シリーズ
知の図書館
8

図説 世界を変えた 50のビジネス

Fast Track
Business

◆著者略歴

ジョン・リプチンスキ（John Lipczynski）

ロンドン・スクール・オヴ・エコノミクスでカルテルを専攻、Ph.D.を取得。ロンドン・メトロポリタン大学のアカデミック・リーダーとなり、経営学部の大学院課程を受けもって産業組織分野を教えた。『ビジネス戦略の経済学（The Economics of Business Strategy）』、『産業組織の経済学（The Economics of Industrial Organisation）』、『産業組織、競争、戦略、政策（Industrial Organisation, Competition, Strategy, and Policy）』などのビジネス書や経済書の著書がある。

◆訳者略歴

月谷真紀（つきたに・まき）

上智大学文学部卒業。翻訳家。訳書に、ライオネル・セイラム『誰かに教えたくなる世界一流企業のキャッチフレーズ』（クロスメディア・パブリッシング）、フィリップ・コトラー、ケビン・レーンケラー『コトラー&ケラーのマーケティング・マネジメント第12版』（丸善出版）、ブライアン・トレーシー『ブライアン・トレーシーの自己変革』（PHP研究所）などがある。

Illustrations by: Eva Tatcheva

シリーズ知《ち》の図書館《としょかん》8

図説《ずせつ》世界《せかい》を変《か》えた50のビジネス

●

2014 年 *11* 月 *10* 日　第 *1* 刷

著者………ジョン・リプチンスキ

訳者………月谷《つきたに》真《ま》紀《き》

装幀………川島進（スタジオ・ギブ）

本文組版………株式会社ディグ

発行者………成瀬雅人

発行所………株式会社原書房

〒160-0022　東京都新宿区新宿1-25-13

電話・代表 03(3354)0685

http://www.harashobo.co.jp

振替・00150-6-151594

ISBN978-4-562-05000-0

シリーズ
知の図書館
8

図説 世界を変えた 50のビジネス

Fast Track Business

ジョン・リプチンスキ
John Lipczynski
月谷真紀 訳
Maki Tsukitani

目次

序文

衣食住という生活に欠かせないものを完全に自給自足している人は、先進国にはほとんどいない。大半の人は、日常生活になくてはならないモノやサービスの供給を企業に頼っている。わたしたちは日々、どんなモノやサービスを買うかの意思決定をしており、そのため必然的に多くの企業と取引をしている。

さらに、先進国では、必需品とはたんに生命をつなぐためのものではなく、生活水準を維持するためのものと見られている。生活水準のベースとなっているのは、社会のほかの集団との関係から、わたしたちが入手可能と期待するものである。この期待が企業に対するさらなる需要を生み、企業は利益を上げるという果てしない欲求を動機として、需要に必死でこたえようとする。

それを実現するために、ビジネスにたずさわる者がかならずもっていなければならない大事なスキルがいくつかある。第1に、製品とサービスを作り出すのに必要な資源の所有権を獲得すること。第2に、成果物が売れるまで、その資源を財務的に安定した状態で確保すること。第3に、何をどれだけ生産するかを決め、その生産を効率的に行うために資源を上手に配分すること。事業経営者は資源の別な使い道をつねに考えていなければならない。違うものを生産すれば、同じ資産でもっと大きな利益を生み出せるのではないか。そして第4の、もっとも重要なスキルは、市場の需要と供給が今後どうなっていくかを予測すること。最後にあげたこのスキルをもっているかどうかが、ビジネスマン、ビジネスウーマンの成功と失敗の分かれ目となる。

本書に収録したビジネスピープルはみな、世界的なビジネスのあり方に影響をあたえ、変革を起こしたと目される人々である。もちろん、このような人選はどうしてもある程度は主観的になるので、なぜあの人が入っていないのかという声が上がったとしても不思議ではない。しかし、本書でとりあげた50人がビジネスの理論と実践にたしかな足跡をきざんだエリート集団であることはまちがいないのである。

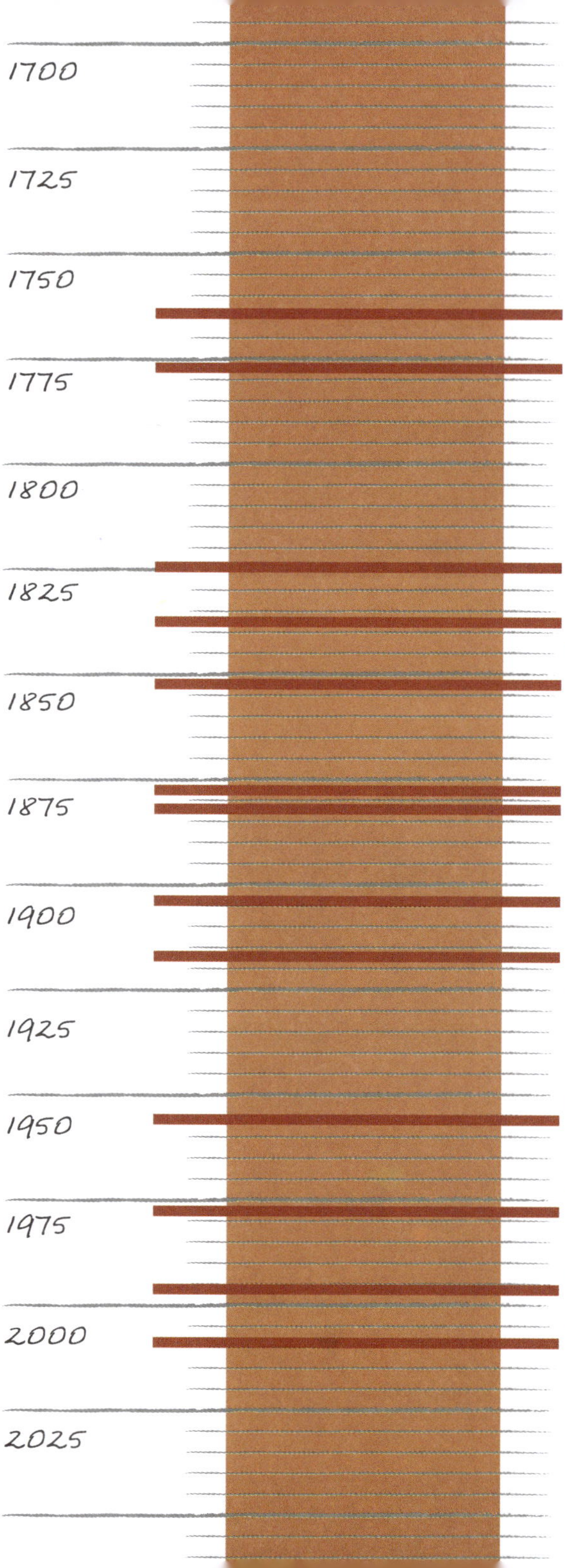

ジョサイア・ウェッジウッド、「クイーンズウェア」の発売（1765年）

リチャード・アークライト、水力紡績機の特許を取得（1769年）

ジョン・マッカーサー、オーストラリアン・アグリカルチュラル・カンパニー創設（1824年）

チャールズ・バベッジ『機械化と工業化がもたらす経済効果（On the Economy of Machinery and Manufacture）』（1832 年）

アルフレート・クルップ、ロンドン万国博覧会で鋳鋼を展示（1851 年）

トマス・エジソン、蓄音機の発明（1877年）

フランク・ウールワース、「5セントストア」1号店を開店、成功させる（1879年）

フレデリック・ウィンズロー・テイラー、ベスレヘム・スティール社で生産手法の大がかりなコスト分析を実施（1901 年）

ヘンリー・フォード、T型フォードの発売（1908年）

レイ・クロック、マクドナルドのフランチャイズ1号店の開店（1955年）

スティーヴ・ジョブズ、アップル1コンピュータの発売（1976年）

ビル・ゲイツ、マイクロソフト・ウィンドウズ3.1の発売（1992年）

マーク・ザッカーバーグ、フェイスブックの立ち上げ（2004年）

第1章
パイオニアたち

ビジネスの成功はつねに、新しい市場を見きわめ、成長のチャンスに目をつける能力にかかっている。偉大なビジネスのパイオニアたちが産業革命を起こし、技術の進歩の先頭に立つことができたのは、この能力のおかげだった。生産ラインから世界初のコンピュータまで、ビジネス界の稀有な巨人たちはその卓越したアイディアを事業化して大成功をおさめ、革新と進取の気性を21世紀にもたらした。

生産ライン

生産ラインとは、原材料が一連の作業工程をへて生産物に変換される手法のことである。一つひとつの作業をへるごとにその物品は改良されて価値をくわえられ、最終的に市場に出せる段階に到達する。工程の効率は、使える技術と中央のコントロールがどれほどいきとどいているかで決まる。

ごく基本的な見方をすれば、生産ラインは原材料を完成品に変える処理の単純な連続である。たいていの場合、必要な個々の作業をひとりの作業者がすべて行うことは可能だ。しかし、よりよい組織では、労働力をグループ分けして工程の一部だけに専念させることによって、生産の省力化を果たしている。

歴史をふりかえれば、古代エジプトの戦車の製造、古代中国の石弓の製造、16世紀のヴェネツィアの船舶建造など、このような生産プロセスの例は枚挙にいとまがない。そのほとんどは、軍隊の装備のため政府からの要請でできたものだった。それに対して、今のわたしたちが思い浮かべる生産ラインは、19世紀に人口が増えた都市の労働者階級の大量消費にこたえるために登場したものである。現代型の生産ラインは蒸気動力や新しい機械の開発、効率的な輸送網、工場設備の導入によって可能となった。現代的な生産方式の要諦は、製品が全体を構成するパーツに分解できること、そして正確な設計図を使って製品が確実に再現されることだった。そのおかげで、作業者は今まで作ったことも見たこともないパーツを製造できたのだ。

この仕事のやり方が革命的だったのは、個人の体力や技術力に依存しなくなった点である。つまり、社会のなかでこれまで労働力とみなされてこなかった集団（そのほとんどは女性と子ども）も工場で働き、生産に貢献できるようになった。機械・工具類の技術的進歩にともない、規格化され互換性のある部品の生産が可能となり、

「生産を基盤とした社会は生産性が高いだけで、創造的ではない」

アルベール・カミュ

同じ種類の部品であればまったく同じに作れるようになった。これにより、生産ラインは「組立ライン」に姿を変え、組立ラインはやがてデトロイトでヘンリー・フォードが導入した「自動」組立ラインになった（26-27p参照）。

流れ作業式組立ラインの経済性は、作業を作業者の手もとにもってくるところにある。そうして労働者の時間を最大限に活用するのである。たとえば手工業の世界では、作業者が部品や工具を探したり、機械から機械に移動したりするのに多大な時間をついやす。しかし組立ラインでは、ひとりの作業者がほぼ同じ作業を、便利に配置された同じ工具を使って、まったく同等の部品でくりかえす。しかも、大半の作業は機械が行うので、人為的ミスや生産物のばらつきが発生する余地が小さい。

この方式の欠点は、標準化に適した生産方法であるため、製品の差別化を要求する市場には柔軟に対応できないところである。たとえば、ファッションやスタイルが重要な商品はこの生産方式には向かない。さらに深刻な欠点は、均質で技能が身につかない仕事を労働者が嫌い、疎外され意欲が低下していくことである。過去30年間で、産業は伝統的な組立方式の生産ラインから、「総合的品質管理」、「ジャスト・イン・タイム」方式の在庫管理、「リーダーレス・ワーク・グループ」などの新しい手法に移行した。

ジョサイア・ウェッジウッド

Josiah Wedgwood

陶業の産業化

生年

1730年、ストーク・オン・トレント、スタッフォードシャー、イギリス

没年

1795年、エトルリア・ホール、ストーク・オン・トレント、イギリス

ジョサイア・ウェッジウッドは陶業の産業化を果たした人物である。職業人生のスタートから晩年まで技術とデザインの実験を重ね、新しい磁器と釉薬と胎土を数多く導入した。またイギリス初の陶器工場の生みの親でもある。

ウェッジウッドは陶工一家に生まれ、若くして陶工としての技能を習得した。最初の大きな功績は、乳白色の陶器の釉薬の開発に成功したことである。彼は最初のバージョンをシャーロット王妃に献上し、このシリーズを「クイーンズウェア」と命名する許しを得る。ウェッジウッドの面目躍如たるところは、自分を「女王陛下の陶工」として宣伝したことだった。これは有名人推奨の初期の例といえる。

技術とデザインの技能にとどまらず、ウェッジウッドはしだいに豊かになりつつあったイギリスや海外の市場に自分の製品を売りこむすべにも長けていた。在庫の充実したショールームを富裕層の暮らすロンドンにオープン。カタログを制作し、印刷した注文票を用意し、セールスマンを雇って、顧客のいだいている高品質な陶磁器のイメージを社会的地位のシンボルにまで引き上げた。それだけでなく、ウェッジウッドの名前をブランド化し、自社の陶磁器製品すべてに印刷して、窯元と品質の保証をした。

この戦略には、ブランドの評判を守るために製品が最高水準のものであることが不可欠だった。彼が工房を訪れては、「こんなものはジョサイア・ウェッジウッドの名に値しない」と叫んで、質のおとった器を杖でたたき壊したという逸話が多数残されている。ブランド・イメージを守るための品質管理の初期の例といえよう。

1770年代初めに不況が経済に打撃をあたえた。高品質製品への需要が落ち、在庫量が増えて値下げを迫られ、ウェッジウッドは財政危機にみまわれた。彼のとった策は事業コスト計算の革新だった。人件費と原材料費についてはつねに最新の状況を帳簿に反映させ、すべての経費について適正な計算をさせるようにした。一部の製品がほかのものよりも製造費がかかることに気づくと、可能なかぎり価格を上げてコストを補填した。規模の経済性を調べて生産高を上げ、単価を下げた。もっとも注目すべきは需要に応じた値付けを行ったことである。こうした変革によって、多くの競合他社が廃業するのを尻目にウェッジウッドの事業は不況をのりきったのである。

ウェッジウッドは陶器の販売に画期的なマーケティング手法を採用した。王室のお墨つきという形で有名人推奨を求めたり、カタログを印刷したり、ロンドンに大きなショールームを開いたりすることで、今では知らない者のないウェッジウッド・ブランドの評判を築いたのである。

リチャード・アークライト

Richard Arkwright

最初の工場を設立

生年
1732年、プレストン、ランカシャー、イギリス

没年
1792年、ロックハウス、クロムフォード、ダービーシャー、イギリス

他人のアイディアの可能性を見抜く能力に恵まれたリチャード・アークライトは、発明家というよりも革新家であった。彼が開発した機械は、織物産業向けの紡ぎ糸や縫い糸の生産を加速しただけでなく、紡ぎ糸の品質を向上させた。

アークライトの職業人生はかつら職人からはじまった。かつらの流行が下火になると、彼は織物に目をつけた。とくに糸紡ぎの効率性の問題である。糸紡ぎは従来、足で操作する糸車を使って個人の家で行われていた。時間のかかる作業で、編み物職人や織物職人の仕事のペースにまにあっていなかった。大量生産用にジェームズ・ハーグリーヴズがすでに1764年にジェニー紡績機を開発していたが、この紡績機は操作に熟練を要し、しかも信頼性が低かった。

1768年にアークライトは時計職人のジョン・ケイと出会い、ふたりは共同で糸を紡ぐ機械、つまり紡績機を製造した。これは当初は馬を動力源としていた。その後改良を重ねて馬力から水力に変わると、この機械は水力紡績機の名で知られるようになる。水力紡績機の長所は従来よりも細くて強い糸ができるだけでなく、人件費の安い非熟練工（おもに子どもや若者）でも使いこなせたことであった。

世界初の水力紡績機工場が1771年にダービーシャーのクロムフォードに設立された。生産高の規模に合わせ、数百人の工員が雇われた。最盛期にはクロムフォード工場で1900人もの労働者が働いていた。工場制の誕生である。工場は経済的に大成功し、この方式で生産された織物はイギリスの主要輸出品のひとつとなった。

アークライトのイノベーションは特許によって保護されていたため、彼はイギリス各地に工場を建設することができ、いずれも同様の成功をおさめた。アークライトが別の革新家のアイディアを模倣したことが法廷で証明され、特許の一部はのちに無効とされたが、その頃には工場制はすっかり定着していた。1786年にアークライトはナイトの称号を授かり、死亡時の個人資産は50万ポンドに達していたとされる。当時としては莫大な金額だった。

新技術をとりいれ、それを一工場のさまざまな工程で大規模に応用することにより、アークライトは近代的な工場制の発展の立役者となった。これは産業革命を代表する特徴となり、ほかの多くの産業でも模倣され、やがて世界中に広まっていった。

アークライトは近代的な工場制の発展の立役者となった。革新的な新しい紡績技術を大規模工場のさまざまな工程にとりいれることにより、高品質の織物をライバルたちよりも速く安く生産することができた。

チャールズ・バベッジ
コンピュータの構想

Charles Babbage

生年
1791年、ティンマス、デヴォン、イギリス

没年
1871年、ロンドン、イギリス

バベッジは計算機の研究によりコンピュータの父とされている。資金不足のため、彼が考案した計算機のなかで完全に動作したものは1台もなかったが、製造の経験をもとにバベッジが構築した生産効率理論は、何世代にもわたる経済学者やビジネスアナリストに影響をあたえた。

バベッジはかねてから対数表などの数表に計算まちがいが多いことが気になっていた。そこで、ケンブリッジ大学のルーカス数学教授に就任すると、計算から単調な作業をとりのぞき、ヒューマンエラーを排除できる機械の開発に取り組んだ。

1820年にバベッジは、機械式計算機である「階差機関」の試作品を開発する。当初は投資対象として有望だったため政府から資金提供を受けたが、設計や製作面の問題がかさむようになるにつれ、資金提供は先細りになっていった。しかしバベッジは、ひるまず、さらに野心的なプロジェクトにとりかかった。それがプログラム制御式コンピュータの先駆けとなる解析機関である。だがまたしても、このような機械の製造にまつわる実際的な問題は、ヴィクトリア時代の工学レベルを凌駕するものであった。

これらの計算機に必要な精密工学が役に立たないことに業をにやしたバベッジは、自宅に鍛冶場を作り、ふたりの製図技師と共同で新しい旋盤を設計したほか、ねじ山の規格体系を導入する。このふたつはいずれもイギリスの工作機械産業を躍進させた。

バベッジの機械開発や工場制への関心は、1832年の著作『機械化と工業化がもたらす経済効果（On the Economy of Machinery and Manufacture)』に結実した。この著書では仕事を分割し、労働者を特定の作業に専念させれば、生産コストを下げられると説いた。

分業はイノベーションの必要条件であるとバベッジは考えていた。新しい製品を設計し製作するために必要な技能をすべてそなえた天才を見つけるのはむずかしい。それよりも、分業、つまりチームワークこそが技術の進歩に適している。またバベッジは、イノベーションは外生変数ではなく、市場の需要の性質と相対的な要素価格を原動力とする、とも述べた。これは研究開発に対するなみはずれて現代的な分析であった。

コンピューティングへの**バベッジ**の貢献は世界的に知られているが、機械開発と工場制にかんして重要な研究をしたことはあまり知られていない。

ジョン・マッカーサー

John MacArthur

オーストラリアの羊毛産業の開拓

生年
1767年、プリマス、デヴォン、イギリス

没年
1834年、ニューサウスウェールズ州カムデン・パーク、オーストラリア

今日、オーストラリアは世界最大の牧羊国であり、オーストラリア産のメリノウールは最高品質とされている。この実績はジョンとエリザベスのマッカーサー夫妻の尽力に負うところが大きい。

ジョン・マッカーサーは15歳でイギリス陸軍に入隊し、エリザベス・ヴィールと結婚後の1789年にシドニーのニューサウスウェールズ軍団に配属された。1793年にマッカーサーは40ヘクタールの土地をあたえられ、開墾の仕事ぶりが認められて所有地の面積は広がっていった。数年後、マッカーサーは南アフリカから数頭のメリノ種の羊を購入する。

メリノ種の羊は羊毛と食用肉を目的としてすでにオーストラリアに輸入されており、繊細で厚みのある羊毛の品質には定評があった。しかしオーストラリア原産の羊との交配の結果、オーストラリア産の羊毛は質が悪いと考えられていた。マッカーサー夫妻は自分たちの羊には交配を行わないことにし、1803年までにほぼ純血種のメリノ種の羊を4000頭も集めた。血統を強め向上させるために、夫妻は純血種のメリノ種の羊をさらに輸入した。この仕事を一手に引き受けたのはエリザベス・マッカーサーである。ジョンが政府の役人としばしば衝突したためだ。イギリスに強制送還されたことも２度あった。１度目は決闘のかどで軍法会議にかけられるため、２度目は反乱にかかわったためだった。しかしマッカーサーはこのイギリス行きを逆手にとり、ニューサウスウェールズの広大な土地を買いとって、ヨーロッパ中をまわり羊毛を売り歩いた。

羊毛はオーストラリアにとって理想的な輸出品で、オーストラリア経済に活況をもたらした。さらに、19世紀初めのナポレオン戦争で、イギリスが従来買いつけていたスペインからの羊毛の供給が減少した。そのため、高品質のオーストラリア産の羊毛の需要が跳ね上がり、それとともに羊毛の価格も急上昇した。

1817年にオーストラリアに帰国すると、マッカーサーは農場経営の発展を手がけ、ワイン生産事業にも進出、オーストラリア銀行にもかかわるようになった。もうひとつ彼が温めていた事業計画が、羊毛生産をとりまとめる特許会社の設立である。1824年にロンドンで、資本金100万ポンドと100万エーカーの土地をもとにオーストラリアン・アグリカルチュラル・カンパニーが創設される。目的はニューサウスウェールズにおいて良質の羊毛用羊を飼育することだった。１年後、同社は近傍のニューカースルの港湾施設を利用し、炭鉱業にも事業を拡大する。この会社は現在も存続している。

マッカーサーは高品質の輸出品として羊毛のゆるぎない評判を築きあげ、オーストラリアの羊毛産業の発展に大きくつくした。

アルフレート・クルップ

鉄鋼業の改革

Alfred Krupp

生年
1812年、エッセン、ドイツ

没年
1887年、エッセン、ドイツ

アルフレート・クルップは父から引き継いだ家業の製鋼業を前例のないやり方で拡大した。「ベッセマー製鋼法」をはじめとする新技術に投資し、ドイツとフランスの炭鉱業と垂直統合したのである。

アルフレート・クルップは父親の死により、14歳で学業を離れ、ドイツのエッセンにあった父親の小さな鋳鋼《ちゅうこう》工房の経営を手伝うようになり、鋳鋼、工具、貨幣染料の製造を手がけた。15年間は事業がうまくいかず、クルップ自身も工房で職人たちと肩をならべて働いた。夜は父親の研究を引き継いで鋳鋼ブロックの鋳造法の完成に打ちこんだ。1848年に事業の単独所有者となるが、この時点では従業員数100名あまりの規模であった。

鉄鋼製品の改良に努めた長年の努力が実を結びはじめる。1847年に鋳鉄の先込め銃を開発、1851年にはロンドン万国博覧会で2トンの完全な鋳塊を展示した。これによりクルップのエッセン工場は世界にその名を知られることになった。

クルップは鉄道用の高品質の鋳鉄、とくに溶接部分のない車輪の生産に事業を集中させた。1850年代後半には鋼鉄製の大砲の製造に事業を拡大し、まもなくこちらの方が主力製品となる。クルップが亡くなる頃には、大砲を中心とする軍需品がクルップの企業グループの全製品の約50%を占めるまでになっていた。そのため彼は「大砲王」の異名をとるようになった。

クルップは自社工場に原材料が安定して確実に供給されるよう、鉄鋼生産業を炭鉱業と製鉄業に垂直統合した。また労働者の保護と育成にも大きな功績を残した。自社の労働者のために特別な「共同体」を建設し、教育施設や交流施設を提供したほか、福利厚生制度と年金制度まで創設した。今日ではこのようなアプローチは多分に家父長的に見えるが（たとえば、クルップは労働者が政治にかかわることを禁じた）、従業員の高い忠誠心を醸成することができた。1880年代には従業員数が2万人に達していた。

もうひとつ、クルップの功績といえることがある。彼は自分の死後も事業を存続させるため、ふたつの指針を立てた。第1は収益を事業に再投資させること、第2は会社をひとりの相続人に経営させることであった。

クルップは生涯を通じて製鋼業を改革し、現代的な技術の採用、サプライチェーンの統合、手厚い従業員福利厚生策により、家業を成功させ拡大した。

トマス・エジソン

発明とイノベーション

Thomas Edison

生年
1847年、オハイオ州ミラン、アメリカ

没年
1931年、ニュージャージー州ウェストオレンジ、アメリカ

トマス・エジソンは事業の成功には発明とイノベーションが重要であることを認識していた。60年ほどのあいだに彼は累計1000件以上の特許を取得し、日常生活を一変させるほどの影響をもたらした。

エジソンは正規の教育をほとんど受けていないが、しっかりした家庭学習と生来の好奇心のおかげで、子ども時代に基礎的な科学実験を行うことができた。

20代前半にボストン、その後ニュージャージーに移り住んだエジソンは専業の発明家となる。その後30年間に、驚異的な数の発明品を開発し、特許を取得した。なかでも有名なのが、炭素式電話送信機、蓄音機、白熱電球、中央発電所、アルカリ蓄電池、映画である。

1879年にエジソンはニュージャージー州メンロパークに初の民間研究所を設立した。この「発明工場」で、彼は発明とイノベーションのプロセスに規模の経済性を適用する。おかげで新技術を効率よくコンスタントに生み出すことができた。エジソンは「メンロパークの魔術師」として知られるようになる。

エジソンのビジネスに対するアプローチは真に起業家的であった。新製品を開発しただけでなく、製造と流通まで手がけた。その利点の活用にも抜け目がなかった。たとえば、中央発電所が電球の販売に重要であることに気づいている。発電所にはエジソンの事業で開発・製造している部品が必要だった。1882年にエジソンは、マンハッタンの金融街に最初の発電所を建設した。

エジソンは冷徹な実業家といわれ、特許訴訟や競争相手との小さな紛争がたえなかった。たとえば、交流（AC）電力の方が自分の好んだ直流（DC）電力よりも危険であることを証明しようとして、公衆の面前で象を感電死させたこともある。

ともあれ、トマス・エジソンは発明家というよりもイノベーターであった。彼は既存のアイディアに目をつけ、それを改良して商業的成功をめざした。ティッカーテープ機、電話、電報、電球はいずれもエジソンによって改良され、実用化されたのである。

5

エジソンは蓄音機やアルカリ蓄電池など、画期的な発明品を多数開発し特許を取得した。しかし彼は既存の製品に多数の改良をほどこした功績をもって、むしろイノベーターと見るべきである。

フランク・ウールワース

小売モデルの再定義

Frank Woolworth

生年
1852年、ニューヨーク、アメリカ

没年
1919年、ニューヨーク、アメリカ

フランク・ウールワースは農場育ちだったが、実業の世界への憧れをいだいていた。1873年にニューヨーク州ウォータータウンの小間物店に職を得る。商売が低迷すると、店は特定の棚の商品を一律5セントにする販促を実施することにした。その商品の選択とディスプレイをウールワースがまかされた。販促は大成功した。

1878年に、借金をし多少の在庫をもって、ウールワースはニューヨーク州ユーティカの裏通りに自分の店を開いた。彼の胸にはウォータータウンでの成功があった。商品にはすべて5セントの値をつけた。最初の商品は5セントのシャベルだった。当初はあたったものの、まもなく売上は頭打ちになり、ウールワースは成功を長続きさせるにはもっと多くの客足が期待できる街中に店をかまえる必要があると判断した。1879年、彼はペンシルヴァニア州ランカスターの中心街に店を開き、品揃えを増やして10セントの商品も置いた。「ファイヴ・アンド・テン（5セント10セント均一）」店の誕生である。

この事業は大当たりした。ウールワースみずから選んだ質のよい商品に、魅力的なウィンドウディスプレイとカウンターディスプレイ、非常に手ごろな価格、そして驚くほど幅広い品揃えが功を奏した。客は購入する前にカウンターを見てまわり、好きなだけ時間をかけて商品を品定めすることができた。

ウールワースは同じ趣向の店を次々とオープンして事業の拡大をはかろうと考えた。パートナーとなる経営者に、新規店の準備に必要な資金の半分を投資すれば、開店後に利益の半分を受けとれるという条件をもちかけた。店が成功するに従い、投資家の数も増えていった。ウールワースはライバル店とも提携を進める。購買力を増大させて、卸売業者から最大限の数量割引を獲得するためだった。ライバル店（ウールワースは友好関係にあるライバルとよんでいた）はバイヤーとしての、とくにヨーロッパの供給業者とかけあう際のウールワースの手腕のおかげでおおいに得をした。またウールワースは有利な取引をまとめる手腕でも名をはせた。

1912年に友好関係にあるライバル店を合併したウールワースは、6500万ドルの資金を調達して新会社、F・W・ウールワース・カンパニーを発足させる。1919年に亡くなるまでに、アメリカ全土におなじみの赤いウールワースのロゴをつけた店が1000店も誕生していた。

ウールワースは幅広い品揃えの高品質商品を手ごろな均一価格で提供する、統一価格小売店というコンセプトを考案したことで有名である。バイヤーとしての手腕とライバル店との協力関係によって仕入れ値に大型割引を適用させ、販売価格に反映させた。

フレデリック・ウィンズロー・テイラー

Frederick Winslow Taylor

マネジメント理論の導入

生年
1856年、ペンシルヴァニア州フィラデルフィア、アメリカ

没年
1915年、ペンシルヴァニア州フィラデルフィア、アメリカ

重度の眼精疲労のためハーヴァード大学入学を果たせなかったテイラーは、ミッドヴェール・スティール社に入社し、作業長、製図工主任、研究部長、技師長をつとめた。それぞれの職位で彼がめざしたのは、生産業務の効率改善をきわめることだった。

テイラーは「科学的管理法」の実践によって、効率のロスをなくそうとした。この新しい手法の要点は課業の配分、つまり生産工程を小さな構成要素に分割し、それぞれについて時間動作研究を行い、目標設定をして特定の労働者に割りあてることだった。報酬とペナルティ制で誘因（インセンティブ）をあたえたのが、「仕事ではなく人に報いよ」のスローガンの由来である。

科学的管理法の実現の障壁となっていたのが、アメリカに来たばかりの移民労働者の英語力や全般的な教育程度の低さであった。テイラーは、教育程度の低い作業長や労働者を、仕事のやり方を決定する職務につけるべきではないと判断した。

この問題を、彼は計画と実行を分離させることで解決した。そのために、業務を測定・分析して現実的な目標を設定する計画立案部門を創設した。こうしてテイラーは、ミッドヴェール社で生産性を倍増させることができた。

実績が増え評判が広まると、テイラーはすぐにほかの製造業企業にコンサルティングの仕事を得た。1901年、彼はベスレヘム・スティール社で生産手法の大がかりなコスト分析を行い、生産に従事する人員を500名からわずか140名に削減、さらに原材料取扱いコストを８セントから４セントに下げたばかりか、生産量を倍増させた。しかしあまりに先進的な手法は中間管理職や労働組合からの反発をまねいたため、テイラーはベスレヘム社での職を失い、以降この業界で働くことはなかった。

科学的管理法は過去100年間、議論の的となってきた。労働者を上から支配するような態度が、結果として労働者の意欲をそぐことになるとしてテイラリズムを批判する一派もある。しかし、テイラーの考えは誤解されてきたのであり、テイラーは個々の労働者の利益を経営者側と同じように尊重していたという見方もある。

テイラーは効率の悪い労働慣行を是正するために「科学的管理法」を確立し、「科学的管理法」の父とされている。テイラーの手法には、業務を測定し現実的な目標設定を行う計画立案部門の創設などがあった。

ヘンリー・フォード
生産ラインの開発

Henry Ford

ヘンリー・フォードは19世紀の製造業を今日みられる効率的な大量生産に変革した。生産工程に革命を起こしただけではない。アメリカ社会も変えた。大衆化した自動車によって人々の行動範囲が広がり、その結果、都市や郊外の人口密集地や高速道路網が成長した。

フォードは機械工として長年の見習い期間をへて自動車業界に入り、レーシングカー製造会社のオーナーになった。フォードの設計が比較的成功したおかげで投資家がつき、1903年にフォード・モーター・カンパニーが法人化された。しかしまもなく新会社内に軋轢が生じる。投資家の大半が高品質で高価な自動車の生産に関心を向けていたのに対し、フォードは安価な自動車を大量に作るべきだと主張したためだ。1908年にほかの株主から会社を買いとったフォードは、T型フォードを850ドルという手ごろな価格で生産した。その後の20年間にアメリカ全土で1500万台以上を売り、価格は280ドルまで下がった。

価格の安さは製造単価を大幅に削減したたまものだった。フォード・モーター・カンパニーのイノベーション以前に主流だった生産工程は、作業員がチームになって1台の自動車をその場で上から下まで組み立てるというものであった。フォードでは、自動車の製造を多数の個別作業に分割し（T型フォードの場合は84工程)、作業員は1工程ずつ担当した。

さらに、フォードは生産の流れも改善した。自動車はコンベヤーベルトに乗せられ、各工程が完了するごとにとどこおりなく移動した。流れる組立ラインの登場である。1914年にはフォードの工場は1台の自動車を従来の方法より8倍速い93分で生産することができ、24秒に1台の新車が生み出された。

初期の大量生産メーカーが頭を悩ませていたのは労働者の意欲の低さだった。1914年以前の労働者の離職率は平均50パーセント前後だった。しかしフォードは時給を業界水準の2.5ドルから5ドルに引き上げた。従業員に高給を支払えば自社製品への需要を刺激することになると見抜いていたためだ。この戦略はフォーディズムの名で知られるようになった。

生年
1863年、ミシガン州ウェイン郡グリーンフィールド・タウンシップ、アメリカ

没年
1947年、ミシガン州ディアボーン、アメリカ

フォードの功績としてもっともよく知られているのはＴ型フォードを生み出したことだろう。しかし彼は、近代的な生産工程に革新をもたらした立役者でもある。なかでも有名なのは組立ラインの技法を開発し、改良したことだ。

レイ・クロック

Ray Kroc

ファストフード・フランチャイズ事業の創始者

生年
1902年、イリノイ州オークパーク、アメリカ

没年
1984年、カリフォルニア州サンディエゴ、アメリカ

レイ・クロックは1950年代にアメリカの食習慣が革命的な変化をとげつつあることを見抜いた。人々は自宅での食事ではなく外食を好むようになっていたのだ。しかし従来のレストランのマナーやエチケットは敷居が高かった。マクドナルドはシンプルなメニューと低価格で感じのよいサービスを提供し、新たな成長市場となる外食の利用客に安心感をあたえた。

50歳のとき、ミルクセーキ製造機のセールスマンだったクロックは、すでに8台のミルクセーキミキサーを購入していたカリフォルニアのハンバーガー店から、さらにもう1台の注文が入ったことに興味を覚えた。1954年にクロックはマクドナルド兄弟が経営するこの店の運営を視察するため、カリフォルニアを訪れた。そこで彼が目にしたのは、清潔な店内で白い制服を着た店員たちが手早くハンバーガーを作って低価格で出す光景だった。座席はごく簡素で、食器類は使われていない。マクドナルド兄弟はくだけたマナーと業績がふるわないことで悪名高かった業界に、効率性をもたらしたのである。

クロックはこの事業形態は全国展開できるとふみ、マクドナルド兄弟とフランチャイズ契約を結んで、1955年にシカゴ店を開いた。1年後にはさらに2店舗を出店し、1960年にはアメリカ全国に200店舗以上ができていた。1961年にクロックはマクドナルド兄弟から270万ドルで事業を買いとり、気がねなく自由に事業を展開できるようになった。

チェーンを成功させるには、標準化と効率性を進めなければならないとクロックにはわかっていた。正確さを効率的な組立ラインにとりいれたという点で、彼がしたことは本質的にヘンリー・フォードの生産工程の模倣であった。店の商品はすべて厳密に仕様が定められていたため、バーガーの重さと直径も、そえる玉ねぎとピクルスの量も同じだった。加盟店に運営システムを売ることで、クロックはサービスをブランド化することができた。

クロックは店舗運営をまかせる人物の人選には非常に気を使い、会計士やシェフよりもセールスマンを選ぶのを常としていた。セールスマンは顧客との関係構築にすぐれていたからである。また地域限定広告や全国広告にも多額の資金を投じ、事業をさらに成長させた。1970年代初めにはアメリカ国内にマクドナルドの支店が2000店以上もできており、売上は10億ドルを超えていた。20世紀の最後の30年間で、マクドナルドは100カ国以上に進出した。

クロックは外食ビジネスにコスト削減と効率性の向上をとりいれ、マクドナルドのハンバーガーチェーンを展開しどこにでもあるものとした。店舗のフランチャイズ化と大規模な全国広告キャンペーンも成功の要因である。

ビル・ゲイツ

Bill Gates

ソフトウェア開発を主導

生年
1955年、ワシントン州シアトル、アメリカ

1976年にビル・ゲイツはポール・アレンと共同でマイクロソフトを創業した。やがて同社は世界トップのソフトウェア企業に成長した。この圧倒的優位性はおもに、ウィンドウズ・オペレーティング・システム（Windows OS）の開発によってもたらされた。

ビル・ゲイツは学生時代にコンピュータのプログラミングに魅せられた。共同創業者のポール・アレンと出会ったのもその頃である。ハーヴァード大学在学中にふたりは、パーソナルコンピュータ（PC）のプロトタイプ用の初のコンピュータ言語プログラム、アルテア・ベーシックを開発した。マイクロソフト（当初の表記はMicro-Soft）として共同事業を行うことにしたゲイツとアレンは、1975年にハーヴァード大学を中退し、コンピュータの世界に飛びこむ。

1980年にふたりはIBMの依頼を受け、同社のPC向けのオペレーティング・システムを開発した。これはのちにMS-DOSの名で知られるようになり、他社にライセンス供与されて、その会社が開発したプログラムとPCが「IBMと互換性がある」ことを保証した。マイクロソフトの成功はこのIBMへの依存によるところが大きい。1980年代後半にマイクロソフトはウィンドウズ・オペレーティング・システムを発売して大成功をおさめ、オペレーティング・システム市場におけるマイクロソフト支配を決定づけた。

マイクロソフトの支配力が高まると、ライバル企業から不満の声が出るようになる。1997年に独占禁止法違反で提訴され、マイクロソフトにアメリカ司法省の調査が入った。この訴訟は2002年に決着がつき、政府からマイクロソフトの活動に一定の制約が課されたが、同社の支配力を弱めるほどの影響はなかった。

ゲイツの評価と成功にはふたつの要素がある。第1に、ゲイツは高い技術力をそなえた経営者であり、研究開発を戦略上の優先順位の最上位に置くようつねに心を砕いていた。第2に、企業間交渉では強気の姿勢をくずさないビジネスマンでもあり、攻撃的な価格設定とマーケティング戦略で名をはせた。このふたつの才能をかねそなえていたおかげで、マイクロソフトは2000年代初頭の情報技術（IT）不況にあっても成長と利益を維持できたのである。

ゲイツは2014年2月に会長を辞任し、マイクロソフトの日常業務にはもうかかわっていない。製品開発の方向性決定にはいまだに発言力をもっているものの、現在はビル＆メリンダ・ゲイツ財団が後援する慈善事業に時間と資産の多くをついやしている。

ゲイツは全世界のソフトウェア生産を支配するマイクロソフトの創業者としてもっともよく知られている。同社の圧倒的優位性は、自社のソフトウェアをほかの開発会社に巧妙にライセンス供与したことによってもたらされ、そのために一部のライバル企業から反競争的行為として訴訟を起こされた。

スティーヴ・ジョブズ
デジタル革命を推進

Steve Jobs

生年
1955年、カリフォルニア州サンフランシスコ、アメリカ

没年
2011年、カリフォルニア州パロアルト、アメリカ

スティーヴ・ジョブズはコンピュータとテクノロジー企業、アップル社のヴィジョナリー・リーダーだった。友人で仕事仲間でもあったスティーヴ・ウォズニアックと共同で1976年に創業したアップルは、2000年に入ってからの最初の10年間に人と技術のつきあい方を変革する一連の製品を世に出し、世界中の社会と文化のランドスケープを一新させた。

ジョブズが技術への興味を深めたのは10代の頃。「ホームブリュー・コンピュータ・クラブ」の集会でハイテク好き仲間のウォズニアックと親しくなったのも同時期である。1976年にふたりはアップル・コンピュータを創業、ジョブズの自宅のガレージが仕事場だった。

事業はすぐに軌道にのり、1980年にはアップルの年間売上は1億ドルを超えていた。

ジョブズはたちまち、一般大衆の時代精神を直観的に理解できる卓越した戦略家かつ革新的な発想家として頭角を現す。しかし反面、気むずかしい性格でもあり、巨万の財産をもたらしてくれたアップルを1985年に去ることになった。

ジョブズの退職後、アップルの運命は下降の一途をたどる。パソコン市場でマイクロソフトとの競争に苦戦したためだ。1996年、ジョブズが去っておよそ10年後に、アップルは事業の立てなおしを期待してジョブズに入社を請う。

ジョブズ復帰の効果はてきめんに現れた。ジョブズ主導のもと、アップルは人々のデジタル技術とのつきあい方を変革させる一連の製品を世に送り出していった。光沢のある純白のデザインのデジタル音楽プレイヤー、iPodは2002年に発売されると、あっというまに人々の音楽の聴き方を変え、世界で2億5000万台以上売れた。iPodの成功を土台にオンラインミュージックストアのiTunesが発表され、空前の成功をおさめた。

アップルの快進撃は2000年代後半になっても止まらず、世界ではじめて広く知られた「スマートフォン」iPhoneもヒット、そしてiPadは「タブレット」型のコンピュータが大衆受けすることを証明した。

この時期の成功は、深刻な病気との闘いと並行して達成されたものである。ジョブズは2011年8月24日にアップルのCEOを辞任し、会長職をつとめたのち、2011年10月5日、すい臓がんで死去した。2014年1月現在、ジョブズが創設し窮状から救ったアップルは、上場企業として世界最大の時価総額となっている。

ジョブズは卓越した戦略家かつ革新的な発想家だった。彼の主導で、アップル社は人々のデジタル技術とのつきあい方を変革させる一連の製品を世に送り出していった。

マーク・ザッカーバーグ

Mark Zuckerberg

ソーシャル・ネットワーキングを変革

2004年2月4日、当時19歳だったマーク・ザッカーバーグは、「ザ・フェイスブック」と名づけたオンラインサービスをハーヴァード大学の寮の自室で立ち上げた。一言でいうと、それはハーヴァードの学生がほかの学生を検索して友だちの友だちとつながり、生活のさまざまな側面を共有できるオンラインディレクトリだった。10年後、フェイスブックと名を変えたこのサービスは12億3000万人のアクティブユーザーを擁し、資産総額は130億ドル以上にものぼる。

マーク・ザッカーバーグは世界一成功している若手起業家として彗星のごとく世に現れた。高学歴の両親のもと、中流家庭に生まれたザッカーバーグは、ニューヨーク州ウェストチェスター郡で少年時代をすごし、コンピュータに早熟な興味と才能を示した。州立校にかよったのち、名門の全寮制フィリップス・エクセター・アカデミーで学ぶ。

2002年にハーヴァード大学に入学したザッカーバーグは、そこで世の中を変える可能性を秘めたオンラインのソーシャル・ネットワーキングへの興味を育み、開花させる。当初手がけたプロジェクトは、ハーヴァードの学生が互いの顔写真の魅力度を格付けするフェイスマッシュというウェブサイトで、ザッカーバーグは悪い意味で有名人となった。高い人気を博したのもわずかのあいだで、当然ながら学校当局に閉鎖されてしまった。

フェイスマッシュの成功に味をしめたザッカーバーグは、2004年前半にフェイスブックを立ち上げ、これもたちまちのうちに大成功する。1カ月後にはハーヴァード大学の学部生の半数がサービスに登録していた。2004年6月にフェイスブックは最初の大型投資を受け、ザッカーバーグはハーヴァード大学を中退して、サービスの運営拠点をカリフォルニア州パロアルトに移す。同年12月には、フェイスブックの登録ユーザー数は100万人に達していた。

フェイスブックの驚異的な成功を説明する理由は多数ある。技術的にすぐれていることもそのひとつであろう。競合するサービスがユーザビリティや可用性の問題に悩まされていたのに対し、フェイスブックはスタート時からうまく機能していた。また、革新し進化していく能力もあげられる。そのおかげでフェイスブックは、めまぐるしく変化するオンライン・ソーシャル・ネットワーキングの世界でつねに先頭を走っていられた。また、「人々に共有しつながる力をあたえ、自分だけのコミュニティを構築する能力をあたえる」ことの重要性に早くに気づいたザッカーバーグの天賦の才も一役かっていた。

生年
1984年、ニューヨーク州ホワイトプレーンズ、アメリカ

ザッカーバーグは、世の中を変える可能性を秘めたオンラインのソーシャル・ネットワーキングへの興味からフェイスブックを立ち上げた。このウェブサイトの成功の要因のひとつは、めまぐるしく変化する技術の世界でサービスを革新し、発展させる能力である。

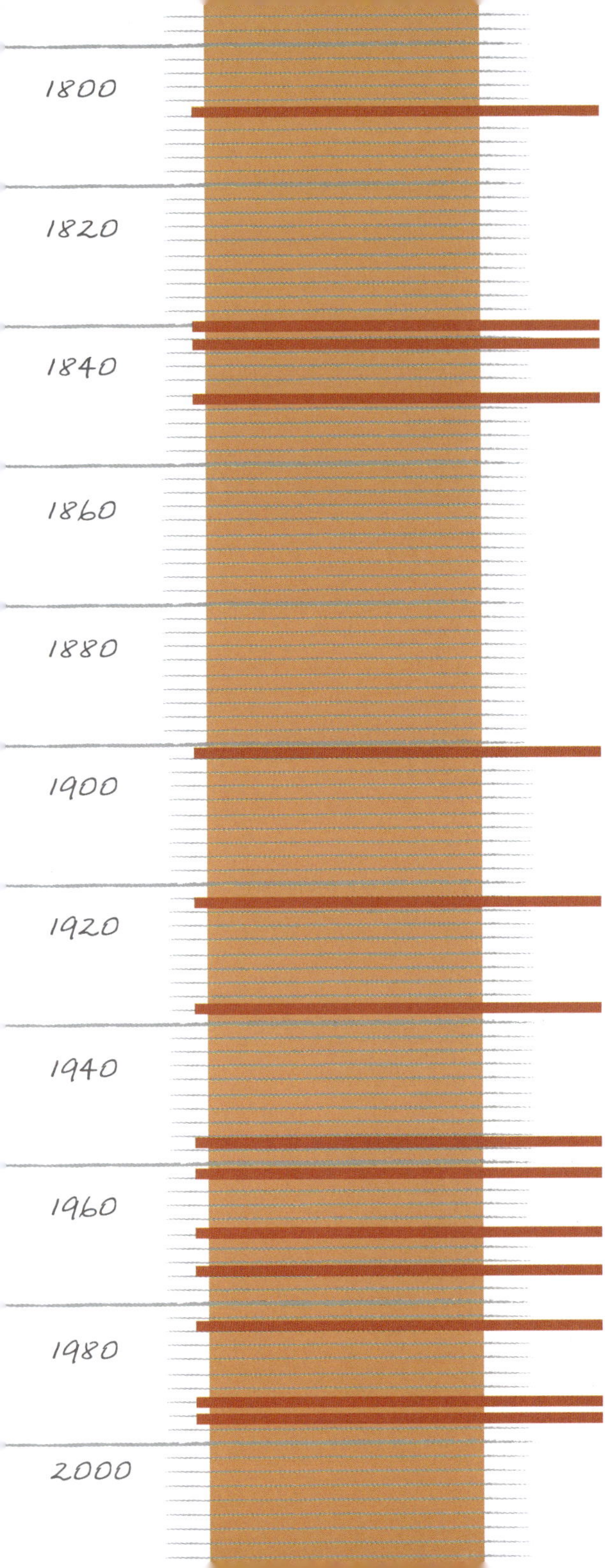

ウィリアム・コッカリル、製造業への貢献に対してレジオン・ドヌール勲章を授与（1807年）

サミュエル・キュナード、ブリタニア号の処女航海（1840年）

フィニアス・テイラー・バーナム、アメリカ博物館オープン（1841年）

コーネリアス・ヴァンダービルト、中央アメリカのフェリー航路開始（1849年）

アンドルー・カーネギー、カーネギー・スティール・カンパニー売却（1901年）

ココ・シャネル、香水シャネルの５番を発売（1922年）

ウォルト・ディズニー、『白雪姫』発表（1937年）

盛田昭夫、のちのソニーとなる東京通信工業の設立（1957年）

サム・ウォルトン、ウォルマート１号店の開店（1962年）

メアリ・ケイ・アッシュ、メアリ・ケイ・コスメティクス社の株式公開（1968年）

アニータ・ロディック、ザ・ボディショップ開業（1976年）

リチャード・ブランソン、ヴァージンアトランティック航空創業（1984年）

ジェフ・ベゾス、アマゾン設立（1994年）

ラリー・ペイジとサーゲイ・ブリン、グーグル立ち上げ（1996年）

第2章
起業家たち

ビジネスの黎明期には、成功する起業家は富を築くために重工業や輸送に着目する傾向があった。しかし、新技術と消費者人口の増加のおかげで、うしろだてがまったくないか、ないも同然の一個人が製品を市場に出すことが容易になった。とはいえ、メアリ・ケイ・アッシュのような起業家の成功が、すぐれたアイディアとビジネスへの鋭い洞察力、そしてリスクを負う勇気の証であることに変わりはない。

イノベーション

イノベーションとは、既存の製品や生産手法を過去のものとするような、質的にすぐれた製品や生産手法を導入すること、と定義できるだろう。イノベーションは企業に大きな優位性をあたえ、生産高、製品品質、雇用、賃金、利益に影響をおよぼす。また、経済的成長や社会福祉の向上をおしすすめる大きな原動力でもある。

イノベーションは研究開発で鍵となる役割を果たし、いくつかの段階に分けることができる。第1段階は基礎研究で、これは「発明的」活動と考えてよいだろう。第2は応用研究開発で、厳密に考えればこれこそが「イノベーティブな」活動である。最後の段階が企業、業界、経済を介した新規アイディアの普及である。

イノベーションへの投資判断は戦略的なものであり、短期的な利益の最大化のみを考慮して行われるわけではない。この種の投資には、多数の戦略上の問題が影響をあたえる。

攻撃型戦略は、新技術の導入によって市場の支配を狙う。企業活動は、新規のアイディアを生み出し、特許を取得してそのアイディアおよび副産物を保護することが中心となる。

企業は資本設備と労働者の技能開発に重点的に投資する。20世紀のおもなイノベーションはこの方法で開発された。たとえばデュポンによるナイロン（1928年）とライクラ（1959年）の開発、IGファルベンによるポリ塩化ビニル（PVC）の開発（1929年）、RCAによるカラーテレビの開発（1954年）があげられる。企業は基礎研究に積極的に投資する場合もあるが、かならずしも純粋な基礎研究ではない。現実の競争相手や潜在的な競争相手に先んじるために、企業はある程度の実験的な開発業務を行わなければならず、それにはプロトタイプを設計し、組み立て、試験する機能とパイロットプラントが必要になる。

防衛型戦略は、競合他社がはじめた製品改良や技術的変革に足な

「リーダーと追随者の違いは、イノベーションである」

スティーヴ・ジョブズ

みをそろえるためにやらざるをえないものである。何もしなければ、ライバルがもっと高度な製品を提供したり、生産コストを下げて低価格で販売したりできるようになるため、自社の市場シェアを失いかねない。防衛型の企業は攻撃型戦略の追求に必要な技術的資源が不足しているか、リスク回避志向で、実績のある製品や工程にしか投資したがらない場合もある。防衛型戦略とはたとえば、既存の技術に特許の制約の範囲内で可能なかぎりの小さな改良をくわえることをいう。

模倣戦略とは、短期的にはライセンスを取得したり、長期的には費用のかからない知識を活用したりして、アイディアを模倣することをいう。模倣戦略で利益を上げるには、安価な労働力や専属市場などなんらかの活用できる優位性がなければならない。たとえば、デュポンが1960年にアメリカのレーヨン市場から撤退した大きな理由は、オーロンやダクロンやナイロンの代替製品との競争が激化しただけでなく、低コスト生産企業と競うことができなかったからであった。

最後に、依存戦略とは、自社よりも強い攻撃型企業との関係において、供給業者や下請け業者として従属的な役割に甘んじることをいう。技術協力や熟練労働者の貸与によって自社に移転された技術をとりいれる。このような関係は日本のエレクトロニクス業界や自動車業界によくみられる。

ウィリアム・コッカリル
ヨーロッパの織物産業の革新

William Cockerill

生年
1759年、ランカシャー、イギリス

没年
1832年、アーヘン、ドイツ

ウィリアム・コッカリルは当初、ジェニー紡績機や飛び杼《ひ》や織機など、羊毛産業で使われる機械を作る技術者だった。1799年に彼はベルギーのヴェルヴィエに移住し、まず繊維機械生産者として身を立てた。イギリスの技術とノウハウを輸入することによって、コッカリルはベルギーとフランスに産業革命の火をつけた。

コッカリルがヨーロッパ大陸でのキャリアを開始したのは1794年。ロシアのサンクトペテルブルクで、エカテリーナ２世に仕えた。契約を守れず投獄されるが、なんとか逃げおおせて、1799年に３人の息子をつれベルギーにたどりついた。ベルギーの織物産業の中心地、ヴェルヴィエの街に身をおちつけると、彼は紡績機や梳毛機を製作する工房を開く。機械の製作に必要な原材料を調達するため、製鉄設備と垂直統合した工房であった。

1817年に息子のジョンに事業経営をゆずったウィリアムは、リエージュの南西部の街セランに作ったヨーロッパ最大の製鉄所の開発と設備を監督した。鋳鉄の大量生産により、コッカリル一族は新しい輸出市場、おもに鉄道、兵器、橋建設産業に進出した。ヨーロッパ全土の輸出市場に事業を拡大したコッカリル一族は、地元ベルギー市場の需要に応じるだけであれば不可能だった規模で生産販売することができるようになった。その結果、はるかに大規模に機械の生産と稼働を行った。

コッカリルがフランスと低地諸国［現在のベネルクス］の経済にあたえた影響の要点は、織機の現地生産を行うことによって、イギリスの機械を物理的に輸入するのではなく、技術の輸入を果たしたことである。事業体を設立して大陸から輸出するというコッカリル一族の戦略によって、イギリスの製造技術とノウハウが普及した。この戦略はほかの産業の起業家たちに模倣された。

これにより、ベルギーとフランス北部はイギリスで起きたような騒動をいっさい経験することなく、産業革命を短期間で実現できた。生産コストの低減によって経済が潤ったばかりでなく、すでに確立した技術の恩恵を得られ、これが製造業経済の発展に直結したのである。

コッカリルはベルギーに移住すると織機製造事業を立ち上げ、ヨーロッパ全土に大量に輸出した。このイギリスの技術と製造知識の普及が、やがてベルギーとフランスの産業革命に火をつけた。

サミュエル・キュナード
競争相手を出し抜いた

Samuel Cunard

生年
1787年、ノヴァスコシア州ハリファックス、カナダ

没年
1865年、ロンドン、イギリス

材木商の息子だったサミュエル・キュナードは家業を継ぎ、銀行、製材、造船、海運へと事業を拡大した。蒸気船を使った海運業に興味をいだいた彼は、北大西洋を横断する郵便事業の政府入札を勝ちとる。1840年にキュナードは４隻の船でイギリス・北米間の定期運航を開始、まもなく速さと安全性で評判を確立した。

野心あふれる若き実業家にとって、ノヴァスコシア州ハリファックスのビジネスチャンスはなんといっても海上貿易にあった。だからキュナードがこの業界に惹きつけられたのも不思議ではない。彼の幸運は、リヴァプールからハリファックスへ、さらにボストンへ船で郵便物を輸送するという植民地政府の契約を、まったく勝ち目のない状況で勝ちとったことにある。

海軍本部は郵便物の輸送手段として帆船は非効率だとかねてから考えており、この業務には蒸気船のみを認めようと決定した。業界のだれもが、ブリティッシュ・ウェスタン・スチームシップ・カンパニーが契約をとるだろうと思っていた。同社がすでに北大西洋を横断する蒸気船運航事業を独占していたからである。応札できるライバルはいないとふんだこの会社は、運航開始の延期を求める。その頃、キュナードが海軍本部の入札の話を耳にした。世界を舞台に事業を行うことは、キュナードにとって抗いがたい魅力だった。それからの彼の行動はすばやかった。交渉して万全の財政支援をとりつけ、当代随一の蒸気船技師だったロバート・ネイピアの協力を確保して、入札にのぞんだ。キュナードが提案した運航事業の信頼性は当局をうならせ、彼は契約を勝ちとった。

キュナードには強力な競争相手が現れる可能性が十分にあった。花形の北大西洋市場への進出を望む企業は引きもきらなかったからだ。だが彼の会社は生き残った。会社の盤石な財務基盤にくわえて、先行事業者であることとイギリス政府からの助成金という強みが大きかった。やがてキュナード・ラインは、サミュエル・キュナードの死後ではあるが、カナディアン・ノーザン・スチームシップ・カンパニーやホワイト・スター・ラインなどの企業を買収する。キュナードの活動と業績は、カナダ大西洋岸地域の初期の発展および歴史と歩みをともにしていたといえる。彼の事業の発展が、この地域の経済的成功を支えていたのである。

イギリスとカナダの海運王**キュナード**は、地位を確立していたライバルとの厳しい競争にもめげず、だれもがうらやむ植民地政府との契約を勝ちとり、イギリスと北米間の定期郵便航路を開始した。キュナードの事業の急速な発展は、カナダ大西洋岸地域の発展そのものと重なる。

コーネリアス・ヴァンダービルト

Cornelius Vanderbilt

競合他社に価格競争で勝った

生年
1794年、ニューヨーク、アメリカ

没年
1877年、ニューヨーク、アメリカ

ニューヨーク港でたった一艘のボートを使いフェリー業を営むというささやかなスタートから、コーネリアス・ヴァンダービルトは蒸気船の運航に進出し、ハドソン川と東海岸沿いの輸送業を手がけて成功する。その競争力と質の高さは評判になった。キャリアの第２期には、鉄道会社をいくつも買収し、アメリカ北東部を支配下におさめた。

ヴァンダービルトは16歳の若さですでに、ニューヨークのスタッテン島とマンハッタン間を結ぶフェリー業を運営していた。1812年の米英戦争では政府との契約でニューヨーク防衛の要塞を提供し、利益を上げる。このときの利益をヴァンダービルトは関心をもっていた船舶業に投じ、蒸気船の所有者となってハドソン川を運航するフェリー業に従事した。彼は競合他社を駆逐するため、彼らの４ドルに対して１ドルの運賃で、よりすぐれた快適なサービスを提供した。そしてこれが後年の彼の戦略となる。合法的独占権をあたえられていたライバルたちは憤り、ヴァンダービルトの上司を相手どって訴訟を起こしたが、法廷は訴えをしりぞけ、ヴァンダービルトは晴れてハドソン川の水上輸送を支配することができた。1829年、ヴァンダービルトは独立し、ライバル企業に容赦のない価格競争をしかけ、ふたたび大成功する。

1849年にヴァンダービルトはカリフォルニアのゴールドラッシュに参加したい人々向けに、中央アメリカを渡る従来よりも安くて速いフェリー航路を提供した。それからまもなく、それほど成功はしなかったものの、３隻の船を建造して、北大西洋を横断するキュナード・ラインとコリンズ・ラインに挑戦する。このときも価格を下げて利用者を増やす戦法をとった。しかし利益がほとんど出ず、1861年に事業を売却している。

この頃にはヴァンダービルトの関心は鉄道会社に向けられていた。まずニューヨーク・アンド・ハーレム鉄道を手がけ、莫大な利益を上げる。この成功は旅客数によるところもあったが、インフラ整備に継続的な投資をしたおかげでもあった。

ヴァンダービルトは骨身をおしまず仕事をし、資金の使い道も熟慮した。短期間のうちにビジネスの細部まで頭に入れ、的確で成功する戦略を決断する能力があった。とくに得意としたのが低価格で高品質のサービスを提供することで、それにより競合他社を弱体化させ、顧客のひいきを確実につかむことができた。

ヴァンダービルトはアメリカ中に多数のフェリー業と鉄道事業を興し、成功させた。その成功は、よりすぐれたサービスをより低価格で提供し、競合他社を駆逐する戦略によるところが大きかった。

フィニアス・テイラー・バーナム

Phineas Taylor Barnum

宣伝の力を知り抜いていた

生年

1810年、コネティカット州ベサル、アメリカ

没年

1891年、コネティカット州ブリッジポート、アメリカ

フィニアス・テイラー・バーナムは60年にわたって、19世紀のアメリカの観衆に本当とも嘘ともつかない見世物と興業を提供しつづけた。バーナムはショーマンとして一流だったばかりでなく、ビジネスの成功に欠かせない押しの強いプロモーションの技術に長けた興行師でもあった。

バーナムは若い頃から宝くじの販売や雑貨店の経営にセールスマンとしての才能を発揮していた。25歳のときに、ジョージ・ワシントンの乳母をしたことがあり161歳になるというふれこみのジョイス・ヘスなる人物を雇う。厚顔無恥ともいえる大胆さでバーナムは、「見なきゃ損する、世にも不思議なビックリ人間」とうたったチラシで彼女を宣伝した。興味をそそられた大衆はニューヨークのこの見世物を一目見ようとつめかけ、バーナムは週に1500ドルかせいだ。この手の見世物としては破格の興行収入だった。

その後、バーナムは博物館を買いとり、世界中から何千という展示品を集めた。ニューヨークのブロードウェイに開館した「バーナムのアメリカ博物館」は大繁盛し、19世紀なかばのアメリカでもっとも客を動員した展示となった。バーナムが宣伝したもうひとりの見世物が、有名な小人の「親指トム将軍」ことチャールズ・ストラットンである。1850年にはオペラ歌手のジェニー・リンドを「スウェーデンのナイチンゲール」として紹介し、大スターにした。

バーナムは60歳になって移動博物館と動物園とサーカスを組織し、「地上最大のショー」と名づけた。その後、ショーは列車でアメリカ中を巡業し、2ヘクタールの土地を使って会場を設営、1万人の観客を収容した。このショーは初年度で40万ドルの収益を上げた。引退まぢかになっても、バーナムにはみごとなショーを創り上げる力があった。1882年に彼はロンドン動物園にいた象のジャンボを買いとり、ニューヨークのショーの宣伝の目玉とした。イギリスはこれに激怒した。新聞各紙や政治家や名士たちも抗議した。イギリスはジャンボにすっかり入れこみ、ジャンボの帽子、ネクタイ、扇子、タバコが飛ぶように売れた。今日でも「ジャンボ」という言葉は「象」の代名詞に使われることが多い。

バーナムの成功が大衆の想像力をかきたてる技術にあったことはまちがいない。彼は若いときから宣伝の威力を理解していた。ニューヨークで博物館の経営をはじめた最初の年に、バーナムは利益をすべて事業のプロモーションについやし、息の長い成功をものにしたのである。

バーナムは目をみはるような展示とショーを開催するショーマンであり、興行師であった。彼の成功は、大衆の想像力をかきたてる宣伝の威力を理解して使いこなす能力によるものだった。

アンドルー・カーネギー
鋼の強さを見抜いた

Andrew Carnegie

生年
1835年、ダンファームリン（スコットランド）、イギリス

没年
1919年、マサチューセッツ州レノックス、アメリカ

カーネギーのキャリアは製鉄業界からはじまる。ベッセマー製鋼法（銑鉄から鋼鉄を得る初の安価な方法）の可能性に魅力を感じた彼は、ピッツバーグ郊外の製鋼所への投資を決断する。カーネギーは重工業の未来が鉄鋼の利用にあることを理解していた。製鋼所の成功により、カーネギーはアメリカ有数の大富豪となった。

カーネギー一家は貧困からのがれるため、1848年にスコットランドからピッツバーグに移住した。1853年にアンドルー青年はペンシルヴァニア鉄道に就職し、南北戦争（1861-1865）中は軍事物資の輸送にたずさわる。戦争による鉄の需要をまのあたりにしたカーネギーは鉄道会社を辞め、木造の橋を鉄橋に建て替える事業に投資した。３年後には年間５万ドルもかせぐようになっていた。

定期的に出張していたイギリスで、カーネギーは高く評価されていた製鋼法の発明者、ヘンリー・ベッセマーと出会う。カーネギーは工業の未来は鉄鋼にあると確信する。1874年に、彼はパートナーとピッツバーグにベッセマー製鋼法の製鋼所を建設した。経費削減につながるイノベーションをいちはやく採用してきたカーネギーは、1890年代には効率性にすぐれた平炉法を採用していた。また垂直統合による効率化の可能性も追求し、コークス炭田と鉄鉱石鉱を買いとって原材料の供給源とし、船舶と鉄道を買収して原材料と完成品の輸送に利用した。1889年には事業の全資産をカーネギー・スティール・カンパニーに統合した。

会社は経済的に成功し、急速に拡大した。しかし当時会社の経営管理をしていたパートナーのヘンリー・フリックとは一触即発状態にあった。1899年にカーネギーは1500万ドルで事業をフリックから買いとる。1901年にフリックは銀行家のJ・P・モルガンと組んで会社を５億ドルで買収し、これによりカーネギーは２億2500万ドルの資産を手にした。会社はUSスティールに社名変更し、資本金約14億ドルで世界最大の企業のひとつとなった。

1901年以降、カーネギーは自分の財産を、築きあげたときと同じ熱意で今度は使う方にまわった。私財を投じて公共図書館、大学、病院を建設し、科学研究への資金援助を行った。亡くなるまでに寄付した金額は３億5000万ドルにのぼると推定されている。

カーネギーは製造業の動向を観察しそれに乗じた活動で、製鋼業で巨額の財産を築きあげた実業家である。晩年はその資産の大半を、公共図書館、大学、科学研究などに寄付する慈善活動を行った。

ココ・シャネル

現代ファッションに影響をあたえた

Coco Chanel

ココ・シャネルは直観力にすぐれ影響力の大きなデザイナーだった。シャネルの代表作は「リトル・ブラック・ドレス」[黒一色のシンプルなワンピース]、ジャージー素材のドレス、そしてグレーのプルオーバーである。シャネルのスタイルは実用的なシンプルさを提案しながら、高価格で高級感とエレガンスをかもしだした。第2次世界大戦後は事業を拡大して、ハンドバッグ、テキスタイル、有名なシャネル5番の香水に多角化し、もっとも模倣されるデザイナーのひとりとなった。

生年
1883年、ソミュール、フランス

没年
1971年、パリ、フランス

シャネルは20世紀の初めにカフェやコンサートホールを拠点とする歌手として活動するようになり、そこで「ココ」のあだ名がついた。1910年にパリで帽子店を開き、まもなくビアリッツとドーヴィルにも支店を出す。

シャネルはジャージーをファッション素材として利用した先駆者であり、彼女がデザインする体を締めつけない服は、それまで女性の体型を「形作って」いた伝統的なフォーマル服とコルセットから女性たちを解放した。シャネルの代表作は「リトル・ブラック・ドレス」と、カーディガン型のジャケットにシンプルなスカートとブラウスで構成した「シャネルスーツ」である。

シャネルの名をもっとも知らしめた製品は、1922年に開発し売り出した香水である。5番とよばれるようになった理由は、単純に5番目にテストされた調合だったためだ。この作品は世界中で販売された初の香水であり、現在にいたるまで知名度も収益も抜群で、30秒に1本売れている。

第2次世界大戦中はスイスに亡命していたシャネルは、1954年にフランスに帰国し、1939年以降閉鎖していた事業を再開する。ふたたび柔らかくカジュアルで肩の力の抜けたスタイルを重視した「ニュー・ルック」で流行を切り拓いた。シャネル・スタイルはとくにアメリカでたちまち人気を博し、ビジネスは繁盛した。

シャネルはファッション業界の変化に目をつけた最初のクチュリエのひとりだった。上流階級向けの高級注文服に特化するより、既成服の買い手である数の多い中間層にファッションブランドを売りこむことに将来性を見出した。成功したこの戦略は数十年後、カルバンクライン、ダナキャラン、ヴェルサーチなど多数のファッションメーカーに模倣された。

ブランドとしてのシャネルは現在も存続しており、今はクラシックで簡素なスタイルを現代の市場に訴求する姿に生まれ変わらせたカール・ラガーフェルドが指揮している。

シャネルはさりげなくもエレガントなスタイルを開発した。柔らかくモダンな素材をファッショナブルに仕立てた彼女は、高級既製服ブランドを生み出した。この高品質と実用性をかねそなえたデザインは、世界中の多くのクチュリエに模倣された。

ウォルト・ディズニー
強大なブランドを設立

Walt Disney

生年
1901年、イリノイ州シカゴ、アメリカ

没年
1966年、カリフォルニア州ロサンゼルス、アメリカ

ウォルト・ディズニーは世界的に有名な漫画のキャラクター、ミッキーマウスを生み出した。映画制作者としては生涯でアカデミー賞に47回ノミネートされている。長編アニメや映画の成功に後押しされてテーマパークを開発、そして、やがて世界的なマルチメディア企業となる会社を育て上げた。

ディズニーは18歳のとき、アメリカ軍兵士として1年をすごしたフランスから帰国し、カンザスシティの広告会社で漫画を描く仕事をはじめる。この会社でアニメ映画の技術を身につけた。1923年にハリウッドに出て、兄のロイとともに資金を集め、実写とアニメを融合した短編映画シリーズを制作する。こうしてできた『漫画の国のアリス（Alice Comedies)』シリーズは1927年まで続き、このときにディズニーのアニメキャラクターの方が生身の俳優よりも人気があることが明らかになった。

ディズニーはつねに映画制作の技術革新の最先端にいた。1928年にミッキーマウスを創り出したとき、ディズニーは映画制作の新技術であったアニメーション映像と音の同調［いわゆるトーキー］をとりいれた。1930年代初めにはディズニーアニメはカラーで制作され、1937年には「マルチプレーン・カメラ技術」の先駆けとなる。これは動きに左右されない背景や前景の再利用を可能にするものだった。

同年後半に、ディズニーは初の長編映画『白雪姫』を制作し大ヒットさせ、つづけて『ピノキオ』、『ファンタジア』、『バンビ』を制作した。バーバンクにあったディズニーのスタジオは急拡大し、やがて1000名以上が働くようになった。

戦後はテレビに進出し、ここでもディズニー・マジックは威力を発揮した。『ミッキーマウス・クラブ』、『怪傑ゾロ』、『ワンダフル・ワールド・オブ・ディズニー』をはじめ多数の番組がヒットした。1955年にディズニーはアミューズメントパーク事業に進出する。カリフォルニア州アナハイムのディズニーランドは大人と子どもの両方にアピールするよう設計され、ディズニーが死去するまでに来園者数は700万人近くにのぼった。

ディズニーはアメリカをはじめ全世界に、おそらくほかのだれもなしえなかった大きな文化的影響をあたえたという点で、稀有な存在である。ビジネス面では今日まで続いているファミリー向けブランドとしての評判を築き、厳重に守った。

ディズニーは新技術を自由な発想でとりいれ、テレビやテーマパーク分野に進出して、だれもが知っている強大なブランドを築きあげた。家族で楽しめることを重視した彼の精神は、世界中に大きな文化的影響をあたえつづけている。

サム・ウォルトン

世界最大の小売企業を創業

Sam Walton

生年
1918年、オクラホマ州キングフィッシャー、アメリカ

没年
1992年、アーカンソー州リトルロック、アメリカ

サム・ウォルトンはベン・フランクリンのファイヴ・アンド・テン・ストアのフランチャイズ店からスタートした。しかし1950年代のアメリカでは、価格均一の店ではなくディスカウントストアにトレンドが移行していることに気づく。彼は直感に従い、新しいベンチャーに賭けてみることにした。こうしてウォルマートが誕生した。

サム・ウォルトンがアーカンソーにはじめて自分の店をもったのは1945年、ベン・フランクリンのフランチャイズ店としてだった。15年後には３つの州で９店舗を経営し、豊富な知識と経験を蓄えていた。

1960年代初めに、Ｋマートのようなディスカウントストアの成功を知ったウォルトンは、弟と共同でアーカンソーに自分たちのディスカウントストアを開く。当時は、小さな町や地方の共同体にディスカウントストアはそぐわないというのが常識だった。しかし小売の経験ともちまえの野心と徹底的な東部市場の研究から、ウォルトンはこの戦略はあたると考えていた。

ウォルトンの小売業における成功は、実地に試された小売手法の上に築かれていた。魅力的な価格設定にくわえて、棚の補充を欠かさず、店舗の立地は中心部を選び、幅広い顧客層を獲得できるよう長時間営業した。低価格の供給業者から仕入れ、購買力を最大限まで活用することにより、コスト削減分を低価格という形で顧客に還元することができた。そのうちに、卸売業者を完全に排除して製造業者と直接取引するようになった。

ウォルトンは当初、南部と中西部のみで事業展開し、北東部の大型チェーン店や百貨店との直接競争を避けていた。ライバルは地方に点在する地元のチェーン店と独立営業の店だった。人口密集地域の近くに出店するときにはいつも周辺部の立地を選んだ。店舗の大半は小さな町にあったため、たんに物資を供給する以上の地域社会とのかかわりが必要だった。そこでウォルマートは地域の社会活動に参加し、地域の問題を支援した。1980年代にようやく、満を持してチェーンの全国展開にふみきり、ウォルマートは都市部に進出する。1992年にウォルトンが死去したときには、店舗数が2000店を超えていた。

ウォルトンはディスカウントストアがいずれ価格均一の店を凌駕するといちはやく見抜き、ウォルマートを創業した。彼の成功は、長時間営業や店舗の立地に中心部を選ぶなど、実地に試された小売手法の上に築かれた。

メアリ・ケイ・アッシュ
女性の労働力を引き出した

Mary Kay Ash

生年
1918年、テキサス州ホットウェルズ、アメリカ

没年
2001年、テキサス州ダラス、アメリカ

セールスウーマンとして成功したメアリ・ケイ・アッシュは、ダラスに自身の直接販売会社、メアリ・ケイ・コスメティクスを設立した。リーダーシップと画期的な組織作りが奏功し、ビジネスは急成長する。わずか９名の販売員からスタートした事業は、現在では世界に100万人以上の従業員を抱えている。

直接販売の経験を武器に、メアリ・アッシュは1939年、スタンレー・ホーム・プロダクツに就職した。販売担当責任者としてトップを争う成績だったにもかかわらず、男性の同僚が得ていた昇給と昇進は彼女にはあたえられなかった。1953年にアッシュは退職し、セントルイスの別の直接販売会社に転職するが、ここでも成果が報われず、1963年に職を辞して、自分の体験を本に書こうと考えた。本が形になってみると、アッシュは自分が理想の会社の事業計画を書き上げたことに気づく。

1963年、アッシュは息子の助力を得て、スキンケアクリームとそれを販売する化粧品会社に5000ドルを投資した。会社は「パーティープラン」方式の直接販売を主軸としていた。「ビューティー・コンサルタント」がアッシュから製品を買いとり、一般家庭でパーティーを企画し、そこで製品を販売するのである。コンサルタントの収入はスキンケア製品（小売価格の半額で買いとる）の売上をベースに、新しい「ビューティー・コンサルタント」を会社に紹介するごとに大型ボーナスが支払われる仕組みだった。新米コンサルタントは研修を受け、効果的な直接販売のコツを伝授される。

製品販売の主要戦略は緻密にできていた。会社は営業部隊が熟知できるだけのかぎられた種類の製品を製造する。パーティーではまずは顧客にスキンケアを教えることに主眼を置き、製品の販売はその後だった。会社の方針でパーティーに参加する女性の数は６名までと制限し、一対一のきめ細かいサービスを保証した。製品ラインを限定したおかげで、コンサルタントは全品在庫することができ、すぐに届けられるため、衝動買いのチャンスを逃さなかった。さらに、会社はコンサルタントに信用売りをせず、彼らが在庫を抱えすぎないようにした。また、同業他社に比べて給与を高くすることを会社の方針とした。アッシュは従業員に現物のインセンティブをあたえる効果を信じており、業績トップの従業員にピンクのキャデラックをプレゼントすることでも知られていた。

アッシュは「パーティープラン」方式の直接販売を主軸に化粧品会社を立ち上げた。会社の成功の要因は、製造する製品の種類をしぼって、営業部隊が確実に商品知識を覚え、十分な在庫をもって顧客の衝動買いを誘発できるようにしたことにもあった。

盛田昭夫

Akio Morita

グローバル企業を設立

生年
1921年、愛知県名古屋市、日本

没年
1999年、東京都、日本

盛田昭夫は1957年に井深大とともに東京通信工業を設立した。当初は小型トランジスタラジオを製造していた。同社はまもなくソニーに社名を変更し、その後の40年間でめきめきと力をつけ、斬新で画期的な製品を多数生み出した。製品の多くはソニーのブランド名と同義語になっている。

盛田は造り酒屋を営み栄えている家で育った。だから1946年に電子機器を製造する企業を立ち上げ、実業の世界に飛びこんだのも意外ではなかった。1955年にGEからトランジスタ製造のライセンスを買いとると、世界初の携帯型トランジスタラジオの製造をはじめる。

アメリカ企業に納める製品を作っていたほかの日本企業とは異なり、盛田の会社は自社の名前で製品を作っていた。盛田は成功を確実なものとするために、品質管理を企業戦略の筆頭に掲げた。製品設計とマーケティングにそそいだ彼の努力は、「メイド・イン・ジャパン」のイメージを、安かろう悪かろうの模倣品から最高品質の製品に押し上げた。

盛田のマーケティングの才能は井深の技術的リーダーシップとの絶妙なコンビであり、ソニーは可能性を秘めた新製品と新しい市場の発見という野心的な戦略に挑んだ。売上高の最大10パーセントまで研究開発に再投資し、政府や系列（業務提携している企業）の助力や支援にしばられない研究を追求した。その成果がウォークマンやトリニトロンテレビ、コンパクトディスクといった画期的な製品の導入であった。

ソニー・アメリカが1971年に設立され、アメリカでテレビを製造する日本企業の第１号となった。1976年に盛田はソニーの会長に就任する。

1994年に盛田が会長職をしりぞいて以降、家電業界におけるソニーのトップの座は果敢な韓国企業サムスンに奪われた。しかし名前を聞けばすぐにわかるブランドを有する、真の世界的企業を創り上げた初の起業家として、盛田はゆるぎない実績を遺した。

盛田は製品設計、マーケティング、大規模な製品開発を奨励し投資することで、ソニーの継続的な成功を確かなものにした。こうした戦術は、ウォークマンのような独創的な製品の創出につながった。盛田は全社をあげて厳しい品質管理に力を入れ、国際的に評価の高いブランドに育て上げた。

アニータ・ロディック

倫理的取引《エシカルトレード》に取り組んだ

Anita Roddick

生年
1942年、リトルハンプトン、ウェスト・サセックス、イギリス

没年
2007年、チチェスター、ウェスト・サセックス、イギリス

1976年、ビジネスや小売業の実績はないに等しかったが、世界中を旅行した豊富な経験のあったアニータ・ロディックは、倫理的な製品という類のないこだわりをもってザ・ボディショップを立ち上げた。事業は約2000店舗に拡大し、50カ国に7000万人の顧客を抱える。

ロディックがイギリスのブライトンにオープンした最初の店は、単純ないくつかのアイディアではじめたものだった。彼女は自身の経験から、旅行者が小さなサイズの浴用化粧品を買うむずかしさに気づいたのだ。最初に取り扱った15品目の自然化粧品は、小型の再利用できるボトルにパッケージングし、コストを抑えるため最低限のラベルを貼っていた。店員の制服に緑色を選んだのは環境問題を声高に主張するためではなく、濡れたときのシミが目立たなかったからである。しかしすぐに軌道にのったおかげで２号店を出すことができ、その後は夫と二人三脚で、ほかの投資家にフランチャイズ事業としてアイディアを売りこんだ。

ザ・ボディショップの理念はほかの香水会社や化粧品会社とは一線を画しており、社会や環境への責任という考えにもとづく原則にしたがって利益を上げることを目的としていた。

ザ・ボディショップでの買い物体験は、顧客に主導権をあたえる環境づくりを中心に展開した。店に入っても店員にまとわりつかれることはなく、華やかなモデルの写真も飾られていない。製品には完全な情報を開示したラベルが貼られ、興味をもった客が手にとれるように、関連する問題をとりあげたパンフレットや書籍が置かれている。

従来型の広告もほとんど行わなかった。そのかわり、２通りの間接的な形でメッセージが広まった。ひとつは品質とサービスに満足した客のクチコミ。もうひとつは、メディアの賢い利用によってである。ザ・ボディショップの事業はセーブ・ザ・ホエールズ（クジラを助けよう）やセーブ・ザ・ブラジリアン・レインフォレスト（ブラジルの熱帯雨林を救おう）やフェアトレードなど、さまざまなキャンペーンとかかわりをもつようになった。

「ヒッピー」の店とかつて思われていたザ・ボディショップは、多国籍小売企業に発展し、成功する。2006年にロディックは事業をロレアルに売却して物議をかもした。この売却が議論をよんだのは、ロレアルが動物実験を行っているとされていたばかりでなく、ロレアルの株主であるネスレも、発展途上国で乳児用ミルクを販売していることを理由にボイコットされていたからである。

ロディックのユニークな自然化粧品の店は、社会や環境への責任と、顧客に主導権をもたせることにこだわり、1軒の店舗からフランチャイズ事業として急成長した。クチコミと倫理キャンペーンを通じて世間の関心を集めたが、結局2006年にロディックは事業を売却した。

リチャード・ブランソン

カリスマと個性を利用

Richard Branson

リチャード・ブランソンは、心躍る新しいベンチャー、とくに少数の強大な企業が支配する市場でのベンチャーにあくなき意欲をもっている。航空、出版、通信、クレジットカード、旅行、フィットネスクラブ、そして宇宙旅行、いずれの事業も、すべて有名な赤いヴァージン・ロゴがつけられている。

ブランソンは若くしてすでに実業家としてある程度の成功をおさめていたが、大きく躍進したのは、音楽小売業のヴァージン・メガストアと関連レーベルのヴァージン・レコードによってだった。イメージとは異なり、ブランソンは気楽にかまえた音楽業界の起業家ではなかった。彼の交渉には、所属アーティストから有利な条件を引き出す抜け目のない才能が現れていた。アーティストの多くを長期契約にサインさせ、作品に対して全世界での権利を自社がもつようにした。

1984年、常識的なアドバイスに逆らい、ブランソンは大企業の居ならぶ業界に進出するという賭けに出る。それがヴァージンアトランティック航空の開業で、最初はロンドンからニューヨークへのフライトを提供した。新会社はブリティッシュ・エアウェイズのような従来の支配的な大企業にみられる堅苦しさのない、よりよいサービスを約束した。

新しい事業の成功を受け、ブランソンは株式公開した。しかし数年後に会社の株を買い戻す。株主に配当金を出すより、利益を新たなベンチャー事業に投資したかったからである。ブランソンは資金をありとあらゆる活動につぎこみ、ときには事業とはあまり関係のないものを買収して経営陣を怒らせた。

1992年に音楽事業をEMIに売却すると、航空業にさらに大きな投資をしてよりすぐれた競争力のあるサービスが提供できるようになった。ブリティッシュ・エアウェイズとの訴訟合戦に勝つと、彼の人気は高まった。その後の10年間にヴァージンはコーラ、ウォッカ、鉄道、保険、通信、インターネットに多角化した。しかし2002年に事業のいくつかを売却し、ブランソンは中核的な事業活動に専念せざるをえなくなる。

ブランソンの成功を支えた要因は大きくふたつある。第1に、彼は顧客が良質なサービスを受けられなかった業界を中心に活動し、同じ製品をもっとすぐれた新しい方法で提供するマーケティング戦略をあみだした。第2に、彼自身がヴァージン・ブランドに直結する存在となったことだ。ヴァージン・ブランドは複数の業界をまたいで人気を維持しているが、それはオーナーの個性が表れているからである。

生年

1950年、シャムリー・グリーン、サリー、イギリス

ブランソンの商業的成功は彼の強いカリスマ性と、大企業が支配する業界に殴りこみをかけ、不満をもっていた顧客に新しくよりすぐれた製品を提供するという意欲によるものである。

ジェフ・ベゾス

Eコマースの先駆者

Jeff Bezos

生年
1964年、ニューメキシコ州アルバカーキー、アメリカ

ジェフ・ベゾスはプリンストン大学でコンピュータサイエンスを専攻し、卒業後の1986年、ニューヨークに移り住むと、金融企業で働きはじめる。1994年、彼は新しいインターネットに潜在的なビジネスチャンスを見出した。そしてシアトルに移り、アマゾンを創業する。当初は書籍販売に特化した企業だった。数年後、同社はやすやすとほかの小売市場にも進出し、ベゾスは億万長者になった。

ベゾスは高校時代にコンピュータの魅力にとりつかれ、プリンストン大学での専攻に選んだ。1990年代前半にはインターネットはおもに研究機関同士の情報交換に用いられていた。しかし利用者数は年間2000パーセントの伸び率で増えていった。ベゾスはそれを見て、巨大な市場が開拓されるのを待っていると直観した。膨大な取扱品目、つまり商品の目録さえあれば市場になると。通販カタログを研究してみて、彼は書籍販売には完全に網羅した通販カタログ（「ブッククラブ」タイプの目録ではなく）がないことに気づく。理由は単純で、そんなカタログを作ったらとても郵送などできないサイズになるからだった。大量のデータを保存できるインターネットはまさに書籍販売目録にうってつけの媒体だった。ベゾスの勤め先はこのアイディアの実現にのり気ではなかったため、ベゾスは自分で会社を興すことにし、３台のSun MicroStationをガレージに設置してアマゾンを立ち上げた。

３カ月後、クチコミ以外の宣伝は実質的にしていなかったにもかかわらず、ベゾスは週に２万ドルの売上を上げ、アメリカ全土はもちろん海外の45カ国からも注文を受けるようになった。ベゾスの戦略のかなめは顧客のニーズと望みを最優先すること、つまりアマゾンを「顧客本位の」企業にすることで、これは現在も変わっていない。

大手の書店はアマゾンの成功にならおうとしたが、アマゾンにはこの分野で先行してビジネスをはじめた強みがあった。2000年にはアマゾンの時価総額は、書籍販売業界の２位と３位のライバル企業であるバーンズ＆ノーブルとボーダーズの合計額を超えていた。まもなくアマゾンは書籍以外の小売業に多角化する。CD、ビデオ、家電製品を皮切りに、衣料、玩具、スポーツ用品、家庭用品も取り扱うようになった。世界最大の書店はたちまち世界最大の小売業になった。

ベゾスはインターネットのビジネスチャンスにいちはやく目をつけた。彼を成功に導いた事業戦略は、全力をあげてアマゾンを「顧客本位の」企業にするというもので、これによりベゾスのオンライン書店は、衣料から食品まであらゆる品目を扱う世界最大のオンライン小売業者に成長した。

ラリー・ペイジとサーゲイ・ブリン
Larry Page and Sergey Brin
オンラインに巨大企業を創り上げた

ラリー・ペイジ
生年
1973年、ミシガン州イーストランシング、アメリカ

サーゲイ・ブリン
生年
1973年、モスクワ、ロシア

スタンフォード大学でコンピュータサイエンスの研究論文を共同執筆したのをきっかけに、ラリー・ペイジとサーゲイ・ブリンは世界最大の人気を誇るインターネット検索エンジン、グーグルを生み出した。

ラリー・ペイジはともにコンピュータサイエンスの教師をしていた両親のもと、ミシガン州で育った。サーゲイ・ブリンはモスクワ生まれで、６歳のときに家族とともにアメリカに移民してきた。父親は数学者だった。ペイジとブリンはスタンフォード大学で出会う。それぞれコンピュータサイエンスの博士論文のための研究をしていた。

ふたりは共同で次世代のインターネット検索エンジンの研究に取り組む。彼らが最初に作ったのは、大学の寮の部屋に立ち上げた「BackRub」で、人気を基準にウェブページを検索した。人気を基準にした検索の方がユーザーにとって有用性が高いと考えたのだ。

検索エンジンの名前を「グーグル」に変えると、ふたりは大学院を中退し、事業化をめざしてアイディアを発展させる。家族や友人から資金を集め、1998年にサービスを開始した。サービスはたちまち成功した。８年後、グーグルが検索するウェブページ数は数十億になり、１日の検索回数は約６億件になっていた。

2001年には従業員数が1000名を超え、2004年に株式市場に上場、株価は84ドルをつけた。10年後、株価は1200ドルに上がり、グーグルの現在の時価総額は2700億ドルに達する。また、従業員数は2014年には４万7000人に拡大した。

この成功の理由はふたつある。第１に、１日の検索回数が膨大なこのサイトが広告主にとって非常に魅力的であり、検索結果の横に表示される広告スポットのオークションから収益を上げたことである。また、正確かつ効率的で完全なサービスを提供しているため、ユーザーの人気も高い。ラリー・ペイジは「つねに期待を上まわるサービスを提供している」と語っている。2006年にはユーチューブ（人気の動画投稿サイト）を買収、広告収入源はさらに拡大し、その後も株価が上がりつづけているのもうなずける。しかし、今後の同社の業績にかかわらず、ペイジとブリンの功績は個人と企業のインターネットの利用法に革命をもたらしたことにある。インターネットの利用をかつてないほど簡単に、速く、広範囲にしたのである。

ペイジと**ブリン**は効率的でユーザーフレンドリーな検索エンジンを提供して、個人と企業のインターネット利用を一変させた。この検索エンジンは地理的な到達範囲の広さから、広告主にとっても大きな魅力がある。

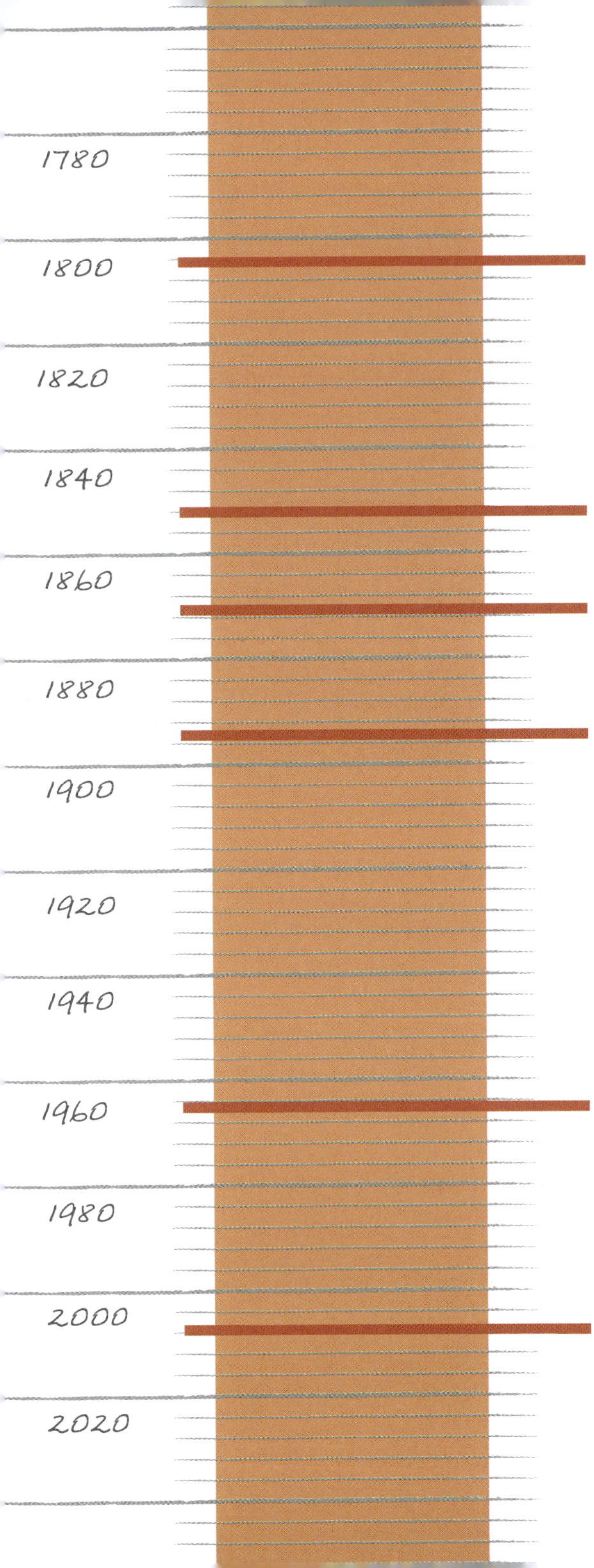

ロスチャイルド家、N・M・ロスチャイルド・アンド・サンズの設立（1811年）

ジェイ・グールド、グールズボロ［グールドの名に由来］に皮なめし工場を建設（1856年）

ロックフェラー、スタンダード・オイル・カンパニーの設立（1870年）

J・P・モルガン、ゼネラル・エレクトリック社設立のための合併に融資（1892年）

ウォーレン・バフェット、バフェット・パートナーシップの設立（1966年）

ルパート・マードック、ニューズ・オヴ・ザ・ワールドの買収（2006年）

第3章
金融の天才たち

金融取引の性質と戦略は、ロスチャイルド家の独占的な取引から現代の金融界の特徴であるグローバルな株式の取引へと、時代とともに変化してきた。しかしどの時代にも共通するのは、世界中のドル箱を動かす、休むことを知らない天才の存在である。

合併買収

２社の経営陣のあいだで相互の同意があれば、合併が成立する。買収もしくは乗っ取りは、片方の企業が相手企業の株主に直接申し入れをし、一般的な市場評価額よりも高い株価を支払う意思があれば成立する。しかし現実には明確な線引きができない場合もある。

成功している多くの中堅企業には、規模の経済性および範囲の経済性と、事業規模の大型化によってあてこめるチャンスの広がりを活用するために、拡大を検討する時期がやってくる。この戦略のポイントは、合併買収する当事者企業の合計よりも高い市場評価額を生み出すことである。垂直合併と水平合併のメリットを考えてみよう。

水平合併とは、企業がたとえば銀行同士、自動車メーカー同士のように、同じ生産段階で合体することをいう。企業が合併する理由は多数ある。水平合併によって市場シェアを拡大したり、近い位置にいるライバル企業を排除したりできる可能性がある。いずれの結果になっても、ライバル企業の反応を心配せずに値上げできる見こみが増す。

水平合併の利点として広く認められているのは、２社が合併して大型化すれば規模の経済性が得られることである。効率性は１社の内部拡張によって得られるため、ここでは合併によってのみ得られる利点をあげる。そのひとつは、合併する２社が所有する、売買のむずかしい固有の資産を統合することによってもたらされる。これを相乗効果という。たとえば、共同で行うオペレーションの調整である。油田のように、ひとつの資源を２社が共同管理すると、契約上の問題や組織上の問題が発生し、非効率になりかねない。合併すればこのような非効率は減るだろう。もうひとつの例は相互補完的なスキルの共有で、たとえば１社がすぐれた製造スキルをもっていて、ライバル企業の方は流通に長けているといった場合である。あ

「わたしは自分ひとりの100パーセントの努力より、100人の1パーセントずつの努力を得たい」

ジョン・D・ロックフェラー

るいは1社がもっている特許を、別の1社の資源を使うことですぐにフル活用できる場合もある。

垂直合併とは、たとえば鉄鋼メーカーが炭鉱を買収するなど、2社が異なる生産段階で合体することをいう。このような合併の理由は次のような問題に集中している。前後する生産段階を結ぶことによる技術的優位性、原材料の供給もしくは完成品の流通にまつわるリスクや不確実性あるいは政府による課税や価格統制の回避、そして市場支配力の獲得である。

市場取引がうまく機能しない（コスト高になる）場合に、垂直統合のインセンティブが発生する。このような場合、企業はたとえば供給業者の買収によって、その部分の市場取引を社内化する。社外との市場取引を社内組織に置き換えてしまうわけである。社内化によって得られるメリットは3つある。インセンティブ上の利点、コントロール上の利点、社内体制上の利点である。生産段階ごとにほかの生産者とお金も時間もかかる交渉をしなくてすむのが、インセンティブ上の利点である。コントロール上の利点とは、外部の企業に対してよりも内部の企業に対しての方が力を行使しやすいことをいう。社内体制上の利点とは、コミュニケーションの経済性が増すことである。同じ組織内の社員は同じ研修を受け、同じ経験を共有し、同じ行動規程で動くので、コミュニケーションの質が上がるのである。

ロスチャイルド家
金融帝国を築いた

The Rothschild Dynasty

生年
マイアー・アムシェル・ロートシルト
1743/44年、フランクフルト、ドイツ

没年
マイアー・アムシェル・ロートシルト
1812年、フランクフルト、ドイツ

ロスチャイルド家の始祖はマイアー・アムシェル・ロートシルト（1743/44–1812）である。フランクフルトで営んでいた金融会社は富と権力をもつ多くの顧客を集め、金塊の保管や公債の発行を手がけて繁栄し、彼は５人の息子たちに銀行業の真髄を教えた。その後息子たちをヨーロッパ各地の金融の中心地に送りこみ、当時としては前例のない国際的な規模に事業を拡大した。

５人の息子たちのうち、ネイサンはロンドンに、ジェームズはパリに送られた。ほかのふたりはウィーンとナポリに行き、残るひとりはフランクフルトのアムシェルのもとにとどまった。ロンドンとパリの事業がもっとも成功したが、それは主としてふたつの「家」同士のよい意味での競合関係によるものであった。おかげでロスチャイルド家は19世紀初期の四半世紀にわたるナポレオン戦争中、イギリスとフランスの参戦資金を融資することができた。

とくに成功したのがネイサンである。1815年のワーテルローの戦いの勝敗を見越した投機により、一族の資産を大幅に増やしたといわれている。

彼は兄弟ともども現代ヨーロッパの金融業、とくに国際債券市場の創生の功労者だった。国債によって、投資家は政府の借金を固定金利で買うことができる。これは各国政府に人気があった。このおかげで巨額の資金を調達して、戦争や公共事業にあてられたからである。債券市場の規模が拡大すると、ロスチャイルド家は引受会社として莫大な利益を上げ、それを元手に世界中の企業に多額の投資をした。ネイサンの銀行は強大になり、イングランド銀行が金の大量需要に直面したときに支援できたほどであった。

近年は商業銀行としての活動に力を入れるようになり、買収合併の準備や企業の株式発行を手がけるようになった。企業に対する事業再編のコンサルティング業務では世界９位である。

金融一族が19世紀から20世紀にかけて成功しつづけた大きな要因は、一族の結束力にあった。一族外の者との結婚はご法度とされたため、緊密な姻戚関係ができ、その結果、名目上は独立した複数の家が事実上ひとつの組織として運営されたのである。

19世紀から20世紀にかけての金融一族としての**ロスチャイルド家**の成功は、ひとつの有機体のような結束の強さにあった。一族の脈々と続く血縁関係によって、それぞれに独立した金融会社が中央集権的にまとまっていた。

ジェイ・グールド

Jay Gould

利益のために法を犯した

生年
1836年、ニューヨーク州ロクスベリー、アメリカ

没年
1892年、ニューヨーク、アメリカ

ジェイ・グールドは金融市場と産業市場で倫理をほとんどかえりみることのない活動を展開し、最初の泥棒男爵として有名である。水増しした株式の発行、金市場独占の試み、スト破りや贈賄は彼の使った戦略のごく一部にすぎない。

グールドはペンシルヴァニアの皮なめし工場に投資したことがあり、のちにニューヨークで皮革商人になったが、もっとも心を惹かれたのは取引と投機のチャンスにあふれた金融街ウォールストリートだった。グールドは短期間で市場の仕組みを知りつくし、まもなく投機的事業で巨額のリターンを得るようになる。その大半は鉄道株から得たものであった。

1867年にグールドは財務的に苦しんでいたエリー鉄道の経営への参画を請われ、まもなくコーネリアス・ヴァンダービルト（44-45p参照）の強力なライバルとみなされるようになる。ヴァンダービルトはかねてからエリー鉄道の所有権を狙っており、1868年に同社株の購入に手をつけた。グールドは仲間の重役とともに同社の債券を不法に10万株の新株に転換する。ヴァンダービルトはこれに対して訴訟を起こして反撃したが、グールドはニューヨーク州の議員らを金で買収した。ヴァンダービルトは敗北をさとり、100万ドルで示談を受け入れ、エリー鉄道をグールドにゆずった。

もうひとつ評判になったグールドの投機的事業は、金の価格を操作してドルの価値を弱めようとしたことである。これによりアメリカの小麦への海外需要が高まり、小麦を運ぶ彼の鉄道事業の需要も高まるはずだった。1869年にグールドは、アメリカ財務省が市場価格安定化のために保有する金の売り介入をしないことをあてこみ、自由市場で金を買いはじめた。金の価格が160ドルまで上がると、財務省はやむなく金の売り介入をし、金価格は135ドルまで下がって大勢の人が多額の損をする結果となった。グールドはこの投機でそこそこの利益しか上げることができず、その後の訴訟で評判は地に落ちた。

金融スキャンダルをものともせず、グールドは西部の鉄道各社の買収、さらに利益の大きなマンハッタン・エレヴェーテッド鉄道とウェスタン・ユニオン・テレグラフの買収をもくろむ。彼の戦略は、不況時に企業を安値で買収し、市場が回復するとその一部を売却するというものだった。1880年代には、アメリカ中にめぐらされた鉄道の距離にして15パーセントを所有していた。悪評高かったとはいえ、グールドは国内の鉄道網と通信網の統合という偉業をなしとげたのである。

不正な戦術を使い、目的のためにしばしば法も犯した**グールド**は、最初の泥棒男爵とみなされている。とはいえ、アメリカの鉄道と通信の整備に果たした貢献は大きく、実業家として成功したことも動かしがたい事実である。

J・P・モルガン
主要産業への融資

J. P. Morgan

J・P・モルガンは活躍当時、アメリカ金融業の重鎮だった。拡大しつつあった鉄道産業への投資資金を調達、また南北戦争によって発生した巨額の国の借金を管理した。

1871年にJ・P・モルガンは父親の会社ドレクセル・モルガン・アンド・カンパニーのパートナーとなり、銀行家として卓越した手腕を発揮した。事業の知識とヨーロッパでの人脈を駆使し、アメリカの株をヨーロッパの投資家に売ることを得意とした。同社は、南北戦争によって生じたアメリカの多額の借金の再融資でも重要な役割を果たした。1895年にJ・P・モルガンは会社をJ・P・モルガン・アンド・カンパニーとして再編し、この会社は融資と投資の巨大企業とみなされた。

モルガンの活動のなかでも重要な一面としてあげられるのが主要産業への融資である。彼の融資のおかげで合併、買収、投資が可能となり、19世紀後半のアメリカ産業界の重要な特徴である大型トラストが誕生した。当初、モルガンのおもな関心は、とくにヨーロッパの投資家への鉄道株の売却に向けられていた。彼は株式売却の見返りに、鉄道の経営にある程度の支配権を維持することをしばしば要求した。こうしてひんぱんに自社の社員および斬新なアイディアと新しい戦略を送りこみ、事業の「モルガン化」を行った。

1900年代初期の合併ブームでは、現在も存続する大企業の誕生に一役かった。たとえば、エジソン・ゼネラル・エレクトリックとトムソン・ヒューストン・エレクトリックの合併を企画し融資して、電機メーカー、ゼネラル・エレクトリックを誕生させた。

フェデラル・スティールの創業にも融資したのち、同社をカーネギー・スティールと合併させ、巨大企業USスティールを誕生させる（48−49p参照）。モルガンの戦略は輸送コストを引き下げ流通を改善して、規模の経済性を実現することだった。事業規模が大きいほど、垂直統合で橋、船舶、鉄道、鉄道車両、針金や釘などの新製品を開発でき、それによって他業種への支配力も発揮できる。さらに企業規模のおかげで、イギリスやヨーロッパ大陸の鉄鋼会社に挑むこともできた。

生年
1837年、コネティカット州ハートフォード、アメリカ

没年
1913年、ローマ、イタリア

モルガンの商業活動の中心は、金融戦略と大型融資による大規模な合併、買収、投資の実現だった。こうした投資により、当時のアメリカの産業において重要な役割を果たしたトラストの誕生を助けた。

ジョン・D・ロックフェラー

John D. Rockefeller

石油産業に君臨

ジョン・D・ロックフェラーは20世紀に入ろうとする時期のアメリカの石油産業を支配した。ロックフェラーは若いときの経験から、石油会社が成功するには、潜在的な規模の経済性を生かすために大企業である必要があると理解していた。

ロックフェラーはオハイオ州クリーヴランドで育ち、1855年に小さな輸送会社に簿記係として職を得た。まだ10代だったがすぐに仕事を覚え、自分で商売ができるほどになる。1863年にロックフェラーは石油精製の世界に入った。新しいパートナーに石油業界の経験があるサミュエル・アンドルーズを迎え、1865年に24歳の若さでロックフェラー・アンド・アンドルーズ社を設立した。この会社は技術改良を重ね、規模の経済性の活用と垂直統合によって急激に利益を上げげた。1870年、追加融資を受け、新たなパートナーを集めて、同社はスタンダード・オイル・カンパニーとなる。

石油精製業界の構造上の弱さをロックフェラーは見抜いていた。石油の抽出と精製の参入コストは低く、競合する小規模企業が多数ひしめいている。こうした企業は生き残るために価格を下げざるをえず、規模が大きく経営のしっかりした企業にまで損失をあたえていた。解決策は競争をなくすことだ。

1871年後半にロックフェラーはクリーヴランドのライバル企業の大半を買収する戦略を開始した。競合企業に戦略をかぎつけられて買収価格が高くなりすぎないよう、まず最大の強敵をターゲットにした。彼は相手企業のオーナーにスタンダード・オイルの株か現金を提示した。こうしたオーナーたちが値引き合戦のおどしをかけられて不当に遇されたというのが通説になっているが、実際の記録を見ると、価格は正当に支払われている。圧倒的な力をもつ低コストの石油会社を前にして、中規模企業に未来はなかったというのがほんとうのところだろう。1872年にはロックフェラーはクリーヴランドの26の石油会社のうち、22社を支配下におさめていた。効率の悪い製油所は廃止され、効率のよい製油所がスタンダード・オイル帝国の傘下に入った。

スタンダード・オイルは繁栄し、1882年にスタンダード・オイル・トラストに統合される。トラストによって生産と流通の効率性が大幅に上がり、小売価格はじつに80パーセントも下がった。

生年
1839年、ニューヨーク州リッチモンド、アメリカ

没年
1937年、フロリダ州オーモンドビーチ、アメリカ

ロックフェラーは、石油会社が生き残って成功するためには大規模経営をしなければならないと考えた。それを実現するために、彼はクリーヴランドの26の石油精製所のうち最大規模のものからターゲットにして22社を買収し、自社に吸収した。成果の上がらないところは閉鎖した。

ウォーレン・バフェット

バリュー投資で成功

Warren Buffett

生年
1930年、ネブラスカ州オマハ、アメリカ

ウォーレン・バフェットは1965年に買いとった持ち株会社、バークシャー・ハサウェイの会長である。彼は会社のキャッシュを使ってコカ・コーラ、ジレット、アメリカン・エキスプレスなど多数の企業の株を取得した。バフェットの投資は驚異的な成功をおさめ、彼は世界有数の大富豪になった。

バフェットが人生に大きな影響を受けることになる人物と出会ったのは、ニューヨークにあるコロンビア大学の経営大学院だった。ベンジャミン・グレアムは証券についての本を書いていたが、そのなかで、企業が保有する資産の価値からすると低すぎる株価の株を買うべきだとする「バリュー投資」理論を説いていた。そのためには、投資家は株を買う前にまず徹底的に研究して、全資産の価値を正確に推測しなければならない。バフェットはこの作業に非常に適性があった。後年、成功の一因は何千社もの年次報告書を読んだことであると述べている。

バフェットはしばらくニューヨークでグレアムの下で働き、1956年に独立して、オマハに投資会社バフェット・パートナーシップを設立する。その後の13年間で、パートナーシップの資本金は初年度の10万ドルから１億ドル以上に価値を上げた。1965年にバフェットはニューイングランドの繊維会社、バークシャー・ハサウェイを買収し、1969年にバフェット・パートナーシップを解散して、買収した会社の経営に専念する。1980年代初めに製造業からは手を引かざるをえなくなったが、会社は持ち株会社として存続し、バフェットの多数の買収で利益を上げることになる。

バフェットの投資対象は保険会社が多かった。定期的な保険料収入がありながら長年にわたって保険金支払いの必要がない場合が多いため、キャッシュが潤沢だからである。バフェットの戦略はこのキャッシュで、投資のバックボーンとなる企業の株を買うことだった。対象となるのは、他社との差別化がはかれていない製品を売っている企業とは対照的に、ブランド・イメージなど特有の競争優位性をもつ企業（たとえばコカ・コーラ）が多い。

この戦略を使ったバフェットの驚異的な成功は、1965年に1000ドルで買収したバークシャー・ハサウェイが2000年には時価500万ドルになったことにも表れている。2006年にバフェットは個人資産の85パーセントを慈善活動に寄付すると宣言し、現在までになんと200億ドルを寄付したと推定されている。

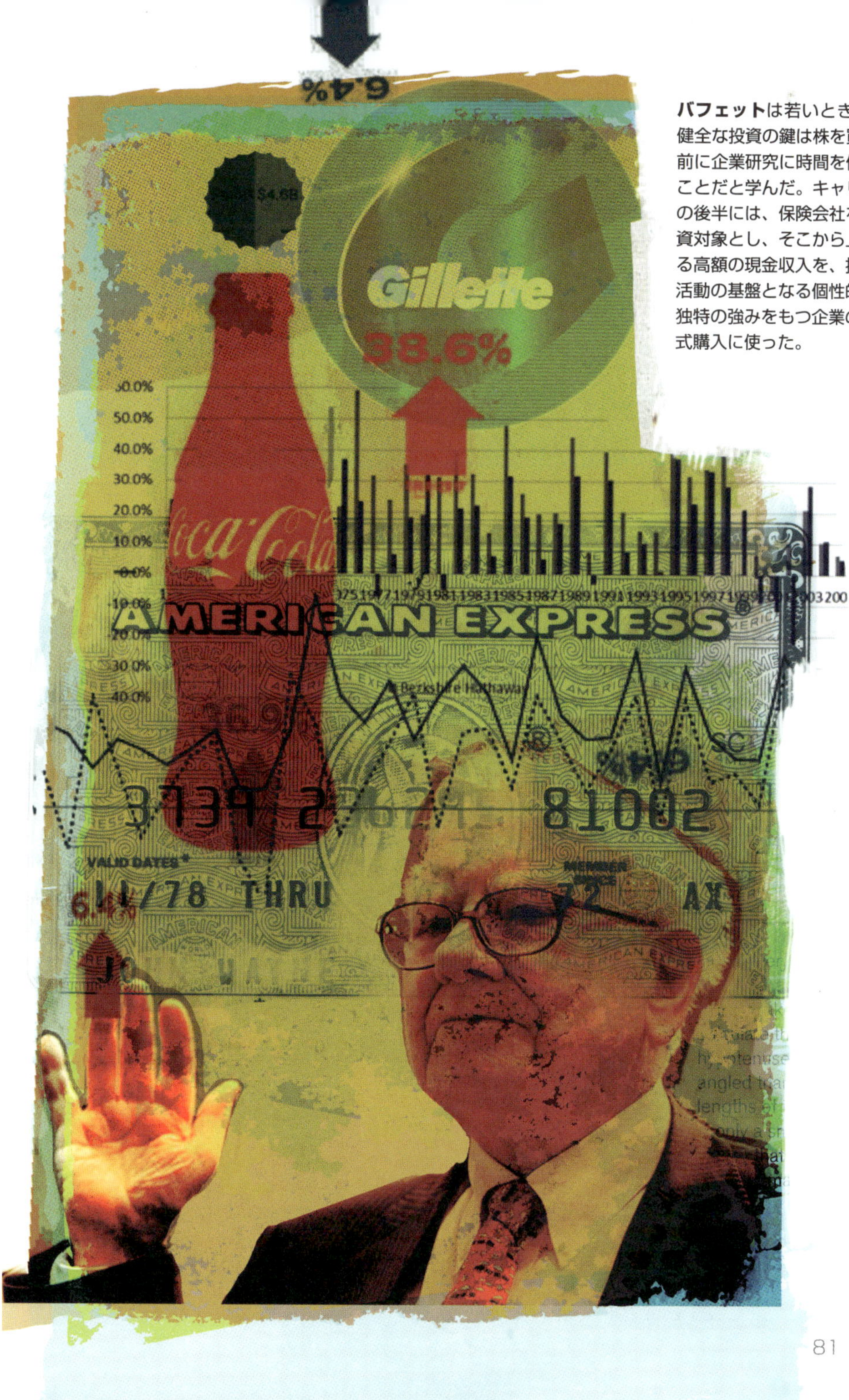

バフェットは若いときに、健全な投資の鍵は株を買う前に企業研究に時間を使うことだと学んだ。キャリアの後半には、保険会社を投資対象とし、そこから上がる高額の現金収入を、投資活動の基盤となる個性的で独特の強みをもつ企業の株式購入に使った。

ルパート・マードック

ニュース消費を大衆化

Rupert Murdoch

マードックはオーストラリアの小さな地方新聞のオーナーを出発点に、自分の会社、ニューズ・コーポレーションを世界最大かつ最有力のメディアグループのひとつに育て上げた。その活動の場は新聞と雑誌だけでなく、テレビ、映画、インターネットにも広がっている。

マードックはイギリスのオックスフォード大学を中退後、「デイリー・エクスプレス」紙に短期間在籍し、それから父親が所有していた「アデレード・ニューズ」の経営を引き継ぐためにオーストラリアに帰国した。数年後にマードックはほかの新聞や雑誌の買収をはじめる。なかでも特筆すべきは「シドニー・デイリー・ミラー」で、これはオーストラリアでもっとも売れ行きのよい新聞になった。

1969年にマードックはイギリスに目を向け、「ニューズ・オヴ・ザ・ワールド」、さらに「ザ・サン」を買収する。後者は紙面刷新後まもなくセックス、犯罪、スキャンダル記事をもりこんだ日刊紙として悪名をとどろかせ、発行部数の増加とともに、マードックの所有する出版物のかせぎ頭となった。またマードックはイギリスの新聞「ザ・タイムズ」も買収、こちらはインテリ読者層を対象とした。

1970年代なかばになるとマードックは「ナショナル・スター」を買収してアメリカ市場に進出、同紙を「ザ・サン」のアメリカ版として作り変えることに成功した。さらに「ニューヨーク・ポスト」、「ボストン・ヘラルド」、「シカゴ・サン・タイムズ」も傘下におさめる。

マードックの成功の方程式は明白である。彼は自分の新聞を大衆の好みに訴えるようにし、臆面もないやり方で積極的に売りこんだ。またコスト管理には厳しく、新しいアイディアや技術はいちはやくとりこんだ。メディア製品を通じて政治的なメッセージを押し出したことに対しては批判を受け、それを権力者におもねるためだと見る向きもあった。また、イギリスで起きた電話盗聴スキャンダルにもまきこまれ、結果として168年の歴史をもつ「ニューズ・オヴ・ザ・ワールド」は、2011年に廃刊に追いこまれた。

1980年代にマードックはメディア経営の領域を広げた。イギリスの衛星テレビを買収し、スカイ・チャンネルへの映画とスポーツ番組の供給をきらさないため、映画会社20世紀フォックスと、イングランドプレミアリーグサッカーのテレビ放映権を買いとった。ケーブルテレビ、書籍出版、レコード、ロイターへの出資にも旺盛な興味を示した。こうした事業の成功により、マードックの巨万の富は増えつづけている。

生年
1931年、メルボルン、オーストラリア

マードックは大衆の好みを知りつくしていることを武器に、新たに買収した新聞の販売部数を伸ばし、斬新な記事、アイディア、技術には敏感に反応しつつ、コストを巧みに管理した。ときとして物議をかもす新聞の内容が、メディア帝国をさらに拡大するための資本を生み出す一助となった。

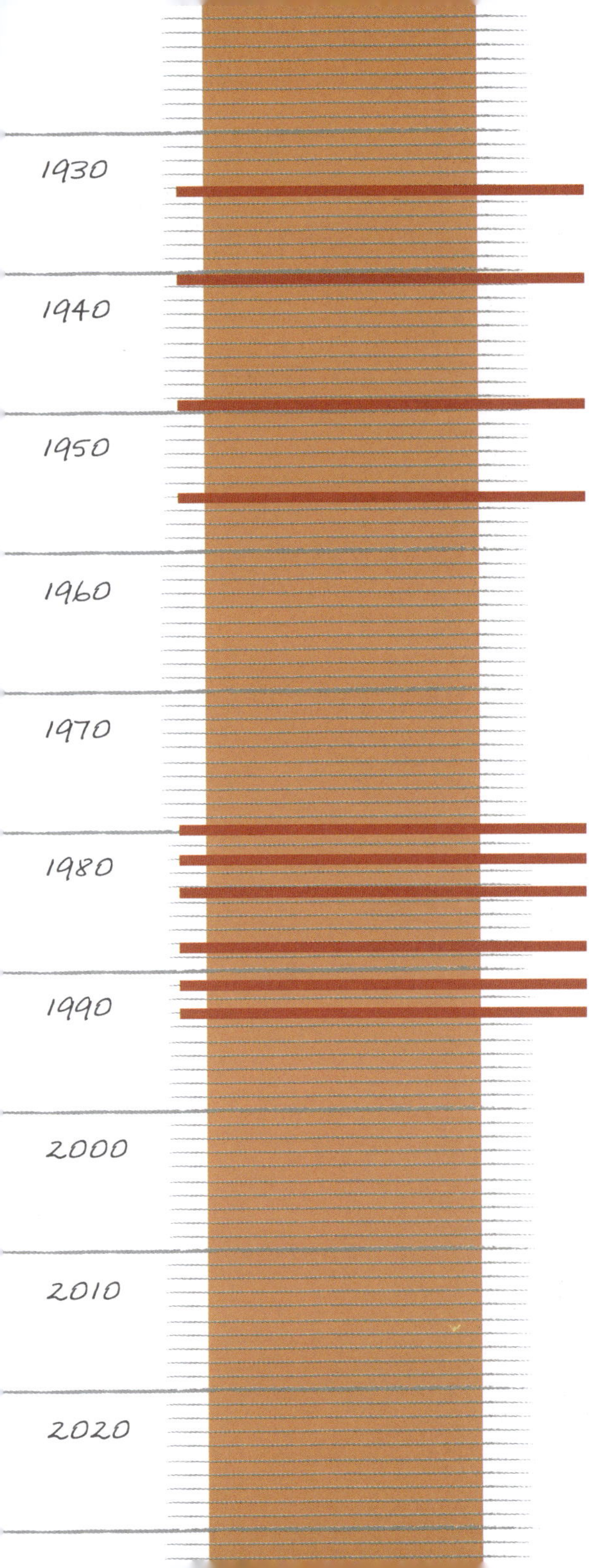

ロナルド・コース「企業の本質」(1937年)

大野耐一、トヨタ自動車に入社(1939年)

ハーバート・サイモン『経営行動――経営組織における意思決定プロセスの研究(Administrative Behavior: A Study of Decision-Making Processes in Administrative Organization)』(1947年)

ラッセル・エイコフ『オペレーションズ・リサーチ入門(Introduction to Operations Research)』(1957年)

マイケル・ポーター「競争の戦略――5つの要因が競争を支配する」(1979年)

ジャック・ウェルチ、ゼネラル・エレクトリック社のCEOに就任(1981年)

大前研一『企業参謀』(1983年)

李健熙、サムスングループCEOに就任(1987年)

ゲイリー・ハメル「コア・コンピタンス経営」(1990年)

ロバート・キャプラン「新しい経営モデル――バランス・スコアカード」(1992年)

第4章
戦略家たち

　アイディアと資金はビジネスの成功に欠かせないかもしれないが、事業戦略家の洞察力がなければ、それらもビジネスの成功を保証するものではないだろう。事業戦略家はビジネス界の戦術家であり、成功するビジネス手法についての洞察を得るために科学や数学というツールを使いこなす。事業がスムーズに運営され、継続的な成長をとげられるのは、彼らの知見あってこそである。

独占

独占とは、競争がごくかぎられているか存在すらしない市場構造のことである。文字どおりの意味では、「独占」とは1社で構成される業界、つまり企業と業界が同一であるような業界をいう。規制さえなければ、低価格で勝負をしかけてくる競合企業が不在であるため、独占企業は製品やサービスの価格をほぼ思うままにコントロールできる。

独占の法律上の定義はさまざまである。たとえばイギリスの法律では、市場シェアを25パーセント有する支配的な企業は独占と定義される。実際には、独占企業の勢力を制約する市場要因も多数ある。新たな代替製品や代替サービス導入の可能性、強力なライバル企業参入の可能性、独占企業の力を制限する政府行動の脅威などだ。

独占を調査する際、規制当局は通常、その独占状態の賛否を比較評価する方法をとる。

独占に反対する説はいくつかあるが、そのなかには理論上のものと実務上のものがある。経済理論では、独占市場は競争が活発な業界に比べ価格が高く、生産高は低くなりがちだとする。またその結果、社会的利益もそこなわれる。独占企業が高い価格を維持するために生産高を制限すると、資源が効率的に使われず、業界内の生産能力が余剰になりかねない。さらに、独占企業が上げる高い利益は効率的な生産手法によるわけではなく、独占企業が市場支配力を行使して単位原価をはるかに上まわる価格設定をしているにすぎない場合がある。

独占企業は別の形でも市場支配力を行使できる。唯一の供給企業であるため、地理的セグメントや製品セグメントによって顧客をグループ分けし、差別的な価格設定をすることができるのだ。これにより収益が増加する。また、潜在的なライバル企業を市場から閉め

「独占とよばれるものは、旅路の終わりを迎えた事業のことである」

ヘンリー・デマレスト・ロイド［19世紀アメリカのジャーナリスト］

出すために、不公正な活動を行う場合もある。たとえライバル企業が市場参入に成功しても、独占企業は略奪的価格設定（低価格により競合企業に打撃をあたえることを狙った）や垂直的取引制限（原材料の供給が制限される）などさまざまな抑圧的戦略によって、ライバル企業を排除することがある。

１社または１グループの企業が業界を支配しているとき、技術的進歩は遅れがちになることを示す証拠もある。競争の圧力がないため、独占企業はリスクの高い研究開発に利益を投資する必要を感じないのである。

しかし、独占体制を支持する議論も多数ある。第１に、独占がかならずしも価格上昇や生産高の低下や社会的利益の損失につながるわけではない。むしろ、生産と流通において規模の経済性が実現されるため、社会的利益の向上につながることも多い。コストの節減が価格の低下という形で消費者に還元される場合もある。業界によっては独占体制によって効率化が進んでいるともいえる。水道、ガス、電気、通信のような業界は「自然独占」とよばれることが多い。効率的に運営できる最低限の規模があまりに大きいため、効率性の高い企業１社のみしか業界に存在できない場合に自然独占が発生する。自然独占では、固定費が総コストの大半を占める。最後に、独占によって得られた多大な利益は、イノベーションを怠るどころか、研究開発プログラムの資金にまわされることが多いのである。

ロナルド・コース

Ronald Coase

取引コスト理論を展開

生年
1910年、ウィルスデン、ロンドン、イギリス

没年
2013年、イリノイ州シカゴ、アメリカ

ロナルド・コースはノーベル賞受賞者で、経済学と経営戦略への貢献で知られる。企業の本質にかんするコースの理論は「取引コスト経済学」という新たな学派を生み出した。また財産権についての彼の思想は、公共政策に多大な影響をあたえた。

コースは1930年代にロンドン・スクール・オヴ・エコノミクス（LSE）に在籍後、1951年に博士号を取得するとアメリカに渡り、ニューヨーク州立大学バッファロー校の教員となり、さらにヴァージニア大学とシカゴ大学で教鞭をとった。

コースはその学者人生において、２本の重要な論文を書いた。そのひとつが企業の存在理由を説明した「企業の本質」（1937年）で、とくに最大の功績といえるのは、企業戦略への新しいアプローチを生み出したことである。ふたつめの「社会的費用の問題」（1960年）では、外部性への対処の問題と財産権の割りあてを論じた。これらの思想は「市場の失敗」に対処する際の政府政策の正当性に異を唱えるもので、「コースの定理」として知られるようになる。

1937年の論文で、コースは市場経済において、資源分配の意思決定は価格メカニズムの作用を通じて無意識に行われると述べた。つまり、資源は最高価格を設定できるところに流れる。しかし、企業内の資源配分においては価格メカニズムは保留される。従業員がある部署から別の部署に異動するのは価格シグナルがあるからではなく、経営陣にそう指示されるからである。資源配分のタスクが場合によって市場に割りあてられたり、企業に割りあてられたりするのはなぜだろうか。資源配分に市場を利用するときに取引コストが発生する、とコースは論じた。

取引コストの例としては、相対価格についての情報収集にまつわる「探索」コスト、契約上の義務を交渉するコスト、政府によって発生するコストがある。企業は市場取引を社内化することにより、これらのコストを節約できる。

コースによれば、追加取引を市場からとりのぞき、企業内に置くと企業は拡大する。同様に、取引を社内で行うのをやめ、市場の領域に戻すと企業は衰退していく。

コースの 1937 年の研究論文は、「取引コスト経済学」という新しいタイプの分析をはじめて明確に述べた。この思想は、企業が市場取引を社内化すれば資源配分のコストの節減になるとするもので、経済戦略に多大な影響をあたえることになる提言であった。

大野耐一

リーン生産方式を導入

Taiichi Ohno

生年
1912年、満州、中国

没年
1990年、愛知県豊田市、日本

大野耐一は1932年にトヨタに入社、当初は紡績事業にたずさわっていた。1939年に自動車部門に転籍し、社内で出世を重ねる。1950年代に工場長になり、トヨタの不安定な財務状況への対応策として、「トヨタ生産方式」を導入、効率性を上げた。

トヨタ生産方式（TPS: Toyota Production System）を発展させ育て上げたのは大野である。大野はトヨタの社長から、アメリカの自動車の生産性に追いつけと指示されていた。

TPSの真髄はムダの排除と効率性の向上にあった。このことが日本のメーカーにとって重要だったのは、価格決定方式が比較的低い需要の制約を受けており、利益を上げるには効率性を上げコストを下げるしかなかったからである。

大野が見るところ、ムダの原因は多数あった。すなわち、過剰生産、工程と工程のあいだの生産ラインの待ち時間、無計画で無秩序な半製品の工場内運搬、加工時間の長さ、在庫のもちすぎと欠品である。

大野の解決法は「ジャスト・イン・タイム」（JIT）方式と「自働化」とよばれた。JITによりモノは必要なときだけ工場内を移動し、その流れも可能なかぎり安定的にした（「生産平準化」の概念）。

工場内のモノの流れをコントロールするために、大野は「かんばん」、つまり特定のモノに対して何をすべきかをきちょうめんに記したカードを導入した。この方式のメリットは、必要になるまでモノの投入を制限することにより、仕掛品と完成品在庫をともに削減したことであった。

自働化は自動化された工程に人間的な要素を入れた。作業者が自分では直せない問題を発見すると、生産ラインをストップして作業者全員でただちに問題の解決にあたる。不具合を見逃せばいずれ破綻しムダが生じて、生産時間が結局は売れない製品につぎこまれることになる。

TPSとJITによってトヨタが達成した大幅な効率性の向上は、1970年代から1980年代にかけての欧米の製造業に多大な影響をあたえた。これらの方式は世界中の多くの企業に採用され、「リーン生産方式」あるいは「無在庫生産」とよばれた。

大野は多大な影響力のある「トヨタ生産方式」を発展させた。これはムダを排除し効率性を向上させ、生産性を上げることをめざした生産方式である。大野の方式はその後、生産方式の新時代を切り拓いた。

ハーバート・サイモン

意思決定分析を進化させた

Herbert Simon

ノーベル賞受賞者ハーバート・サイモンは、ミクロ経済学の分野における組織の意思決定と企業戦略への貢献でもっともよく知られている。サイモンは、従来の企業分析は情報が完全であることを前提としているが、現実には意思決定者は不確実な事業環境に直面していると論じた。この「限定合理性」の概念が、企業についての新しい理論と分析の発展を導いた。

サイモンの関心は経済学と経営にとどまらず、そのおかげで多様な領域を統合した理論と手法を生み出すことができた。

1950年代にサイモンは産業組織の研究に専念した。さまざまな組織理論モデルのなかで突出していた特徴は、すべての意思決定は合理的であるという前提だった。それはヒューマンエラーの可能性を無視したものであった。

意思決定者は多数の問題に直面する。たとえばなにかを選択しようとする際は、まず可能性のあるあらゆる選択肢を正しく特定しなければならない。次に、すべての選択肢について結果を判断しなければならない。最後に、結果について正しい比較評価をしなければならない。しかし実際には、未来とは本来不確実なものであるから、かならず正しい選択ができるとはかぎらない。したがって、「限定合理性」の概念では、経営者が意思決定をするときにすべての要素を完全に認識するのは不可能だと考える。

サイモンは、経営者は利益の最大化に意識を向けるより、「満足な」利益を達成することに集中すべきだと説いた。これは「最大化」行動に対する「満足化」行動として知られる。満足な利益とはたとえば、株主を満足させるのに必要な最低限の利益のことである。（これよりも利益が低いと株主が所有する株を売ってしまい、企業の市場価値が下がる。）

またサイモンは均衡の概念を重視した経済学モデルの利用にも疑問を呈した。経済組織は複雑でつねに流動的な状態にあるため、静的均衡分析は組織研究には適さないとした。

こうした考えは経済学者や経営科学者らのあいだでひっぱりだことなり、彼らによって企業行動のさらに高度な理論やモデルが発展していった。

生年
1916年、ウィスコンシン州ミルウォーキー、アメリカ

没年
2001年、ペンシルヴァニア州ピッツバーグ、アメリカ

サイモンは経営者が意思決定する際にすべての関連要素を完璧に認識することは不可能だ、と説いた。この主張と、最大利益よりも満足な利益を重視すべきだとする彼の提案は、企業行動についてのその後の多数の理論の誕生につながった。

ラッセル・エイコフ

オペレーションズ・リサーチを発展させた

Russell Ackoff

生年
1919年、ペンシルヴァニア州フィラデルフィア、アメリカ

没年
2009年、ペンシルヴァニア州パオリ、アメリカ

2009年に死去したとき、ラッセル・エイコフはペンシルヴァニア大学ウォートン・スクールの名誉教授であり、対話システム設計を扱うコンサルティング会社、インターアクトのCEOでもあった。エイコフは生涯にわたって多数の著書や学術論文を発表し、オペレーションズ・リサーチという分野の発展に貢献したことで知られる。

エイコフは数年間科学哲学を教えたのち、1951年にオハイオ州クリーヴランドにあるケース・ウェスタン・リザーヴ大学のオペレーションズ・リサーチ・プログラム開発の研究グループにくわわった。ケースに在籍中、エイコフは共同研究者らと『オペレーションズ・リサーチ入門（Introduction to Operations Research）』（1957年）を執筆、これは新しい学問領域を定義する教科書の決定版となった。

オペレーションズ・リサーチがはじめて登場したのは第２次世界大戦中のイギリスで、軍事行動の効率的な計画と管理の必要性からであった。従来のアプローチでは、管理上の問題を定量的・客観的に分析して解決法を見出そうとした。しかしエイコフは、ひとつの問題に対する解決法は別の分野では困難であることが多いと気づいた。また、事業環境においては、経営戦略家が直面する課題は定性的であることが多く、定量的な手法を利用するのはムダであることも明らかになった。にもかかわらず、経営管理者はかぎられた定量的尺度にしたがって目標設定をしようとする。エイコフは「自分が求めるものの測定法を知らない経営管理者は、自分が測定できるものに求めるものを合わせてしまう」と述べた。

問題や課題に対処する際の典型的なアプローチは、それを構成要素に分解することである。したがって、企業はその財務機能、マーケティング機能、人事機能を見れば検証できる。それぞれを理解すれば、全体の組織ないしシステムが推定できる。エイコフはこの考えをさらに進めた。システムは構成要素同士の相互作用の上に成り立っていると認識したのだ。そこで、システムを検証するには、各構成要素を独立した存在としてではなく全体の一部として分析しなければならない。分析によって個々の構成要素の働きを知ることができる。構成要素と全体との相互作用の意味を理解するには、統合が必要になる。この統合思考、つまりシステム思考こそ、事業組織の分析を改善するとエイコフは見抜いたのである。

エイコフは経営課題の解決における定性評価の重要性に気づき、事業分析を大きな事業体の各構成要素ではなく統一性のある全体として分析することを説いた、オペレーションズ・リサーチの中心人物である。

ジャック・ウェルチ

果断なリーダーシップで事業再編

Jack Welch

生年
1935年、マサチューセッツ州ピーボディ、アメリカ

ジャック・ウェルチは1960年にゼネラル・エレクトリック社（GE）に入社、その後41年間同社に勤務した。CEO時代の21年間にウェルチは時価総額を130億ドルから2800億ドルにまで引き上げた。これはウェルチの戦略ヴィジョンと強いリーダーシップ、そしてコミュニケーションスキルによるところが大きい。

化学工学の博士号を取得したウェルチは技術者としてGEに入社した。わずか1年で同社の官僚主義に幻滅してしまうが、引きとめられ、その後は短期間で出世の階段を上った。もちまえの積極果敢なマーケティングスタイルが彼の武器だった。1979年に上級副社長、2年後にCEOに就任する。

CEOになって最初に掲げた目標は事業の合理化だった。業界1位ないし2位以外の事業はすべて売却する決断をくだした。いわゆる「強化するか、売るか、さもなくば閉鎖する」戦略である。管理職のうち業績の下位10パーセントを解雇し、上位20パーセントに賞与やストックオプションの報奨をあたえたといわれている。1980年時点の従業員数41万1000人のうち、5年後に残ったのは29万9000人であった。

ウェルチは会社を日常的な学習環境に変え、管理職らに自分の事業部を「個人商店」と思え、市場機会を見つけて迅速かつ柔軟に対応できる能力を磨けと発破をかけた。この戦略を横から支えたのが「反対グループ」の導入である。このグループには、公式の事業部方針や企業方針と真っ向から対立するような急進的な変革を提案し、議論を誘発する任務が課せられた。1990年代には「シックス・シグマ」という品質管理法を採用した。これは完璧に近い生産効率の達成をめざして設計された手法である。訓練を受けた専門家が、不具合の排除を実現するための変革の漸次的な導入をモニタリングする。

ウェルチの成功が彼のリーダーシップとコミュニケーションスキルに多くを負っていることは議論の余地がないだろう。最高幹部と定期的に会合を開き、12の事業部にまめに足を運んだウェルチは、つねに対面でメッセージを伝えることができた。彼はまた、企業のほんとうの強みは人材にある、人材こそは競合企業が勝てないと思う強みであるという信念をもっていた。そこで、彼は社員と顔を合わせることに時間をさき、3000人いる幹部職の年次査定にかかわるようにした。

ゼネラル・エレクトリック社史上最年少でCEOになった**ウェルチ**は、官僚主義的で業績が低迷していた同社を、非情な人員削減と現場にみずから足を運ぶアプローチによって生まれ変わらせた。専門家を変革の監督にあたらせ、議論を誘発し、管理職らに市場機会をつかみ対応せよと発破をかけた。

ロバート・キャプラン
バランス分析を推進

Robert Kaplan

ロバート・キャプランはハーヴァード・ビジネス・スクールの教授であり、1992年に同僚のデイヴィッド・ノートンと「ハーヴァード・ビジネス・レビュー」のために執筆した論文がもっとも知られている。この論文で、財務的成功だけでなく、重要な非財務的業績指標にも光をあてた経営戦略手法、「バランス・スコアカード」を紹介した。このアプローチは世界中の多くの大企業で利用されている。

キャプランはオペレーションズ・リサーチでコーネル大学から博士号を取得し、1984年にハーヴァード・ビジネス・スクールで教えはじめた。彼の基本的な研究は、組織の業績を戦略目標と結びつけることであった。「活動基準原価計算」や「バランス・スコアカード」などの概念を発展させたのも、この研究に端を発している。

活動基準原価計算（ABC）とは、事業活動を構成要素に分解し、各要素に必要な資源の労力を正確に判断するシステムである。製品やサービスの生産コスト全体を測定する従来のアプローチとは異なる。ABCでは、特定の成果物と関連づけた活動ごとの相対コストにかんして、すぐれた分析ができる。

キャプランのバランス・スコアカードは戦略的経営に新たなアプローチを示し、財務の視点と調和した全体的なバランスを実現するために測定すべき分野について、明確なガイドラインを提供した。

キャプランは、企業は自社の業績を４つの視点から測定すべきであると説いた。学習と成長の視点は、従業員教育と継続的な知識獲得を導く環境構築をさす。業務プロセスの視点とは、社内の業務機能のことである。顧客の視点は企業の成果物に対する満足度をさし、財務の視点は従来の売上、市場シェア、資本収益率による尺度である。企業は往々にして事業の財務的視点を偏重するが、それでは「バランスに欠けた」スコアカードになりかねない。たとえば、企業が財務上は一見強そうでも、深刻な顧客の不満という問題を抱えていれば、将来的に売上は落ちていく可能性があるのである。

生年
1940年、ニューヨーク、アメリカ

キャプランと同僚のデイヴィッド・ノートンの共同研究は、財務力偏重を避け、事業の業績をイノベーションと成長の可能性、業務機能、顧客満足も考慮に入れた「バランス・スコアカード」で評価する経営戦略モデルを生み出した。

李健熙《イ・ゴンヒ》

Lee Kun-hee

電子機器の品質向上に挑んだ

サムスングループの最高経営責任者（CEO）、李健熙は1990年代前半に同社が根本的な方向転換をした際の立役者だった。健熙は自社が質より量を重視していることを認識し、「すべてを変えよう」と決意した。よりすぐれたデザインと品質に注力することにより、サムスン電子を世界的な有力企業に押し上げたのである。

1977年から1987年にかけて、サムスングループ（当時は李健熙の父、李秉喆《イ・ビョンチョル》が率いていた）の売上は10億ドルから240億ドルに伸びたが、その大半はサムスン電子がかせぎ出したものであった。1987年、父親の死を受け、健熙はグループを再編し、教育、動機づけ、品質の課題に重点を置くようになった。具体的には、かせぎ頭となりつつあった電子機器事業部に投資した。健熙には自社を世界市場、とくに半導体事業の有力プレイヤーにしたいという夢があった。

その成果は、1987年から1992年にかけての売上倍増という驚くべき形で表れた。しかし健熙は成功にあぐらをかくような人物ではなかった。競合企業より先を行く、エレクトロニクス技術の最先端というサムスンのポジションを維持するため、研究開発への投資を増やした。業績不振の事業を売却、縮小したりし、サムスングループをエレクトロニクス、機械、化学の３つの分野に再編した。

健熙は高い品質基準にもこだわった。1995年に、友人に送ったサムスン携帯電話が欠陥品だったという報道がメディアに流れて恥をかいてから、思いきった行動に出た。ソウル南部の亀尾《グミ》にある主力工場にのりこみ、2000人の従業員を「品質第一」のハチマキ姿で屋外に集合させると、工場の全在庫を見せしめとして目の前で破壊させた。現在、この工場で生産される携帯電話は最高基準にのっとって組み立てられている。

今日、サムスンは一流のエレクトロニクス企業としてメモリーチップ、液晶ディスプレイ（LCD）画面、コンピュータモニターの生産で世界市場を支配している。総資産約6000億ドル、従業員数は世界で約45万人を擁する同社は、健熙のCEO在任期間中に大きな成長をとげた。彼の施策が韓国経済にあたえたプラス効果にも特筆すべきものがある。

生年
1942年、宜寧《ウイリョン》、韓国

李健熙は父親の死後、自社を利益の大きいエレクトロニクス分野に方向転換させることに注力した。事業の縮小や売却、利益率の高い海外企業との提携、品質重視、製品開発により、売上は大幅増を果たし、サムスンはいまや同分野の世界的リーダーとなっている。

大前研一
企業戦略を理論化
Kenichi Ohmae

生年
1943年、福岡県北九州市、日本

大前研一は設計技術者として日立に勤務したのち、1972年にコンサルティング会社のマッキンゼーに入社し、日本事業に責任をもつシニアパートナーになった。世界の諸産業、グローバル化、国際競争にかんする比類のない知識、経営理論への貢献により、「ミスター・ストラテジー」として世界にその名を知られている。

大前が経営戦略に果たした最初の貢献は『企業参謀』(1983年)である。この著書で彼は、事業とは基本的に単純なものであり、戦略は綿密な分析ではなく姿勢の問題だと唱えた。大前によれば、企業は消費者、ケイパビリティ、競争の3点に集中すべきだという。企業は自社の顧客が次に何を求めるかを見きわめ、その需要に対応する自社の能力を考慮し、競合他社の挑戦に耐えられるかどうかを判断する。したがって、戦略はこれらの課題がどのような形で組みあわさるか、利益が出せるかしだいなのである。

1990年代に大前は関心を国際ビジネスに移す。とくに、グローバル化による国民国家の弱体化に興味をいだいた。政治的な国境を越える多国籍企業の能力が、著書『ボーダレス・ワールド』(1990年)の主要テーマとなった。2001年には『大前研一「新・資本論」――見えない経済大陸へ挑む』を執筆、テクノロジーにより4つの空間で構成される新たな仮想大陸が出現していると論じた。4つの空間の第1は、有形製品によって作られた目に見える大陸。第2は、企業、資源、製品が国家間を自由に流動するボーダレス・ワールド。第3は、新しい通信技術が生み出したサイバー空間。第4が、マルチプル空間、すなわち世界の株式市場が新興企業に対して行っている過大評価であり、それにより新興企業が旧来の企業を買収できるほどの金融資産を手にしている。大前が「ゴジラ」企業とよぶこのような新興企業にはマイクロソフトやグーグルがあり、対する古い「タイタン企業」(IBMやヒューレット・パッカード)が新しい大陸で競争するのは困難になりつつある。

近年の大前の研究テーマは、今後のビジネスのプラットフォームになると彼が考える新たなグローバル世界における地域経済の影響である。『地域国家論』(1995年)と『新・経済原論』(2005年)では、地域経済圏の隆盛と今までの国家形態の崩壊をもたらす要因をとりあげている。

大前は日本の戦略を西洋にもちこんだ。多数の著書のある大前は、複雑な事業分析の解剖からグローバルな舞台における多国籍企業の役割の理論化へと活動の焦点を移した。

マイケル・ポーター
5つの競争要因を提唱

Michael Porter

マイケル・ポーターは経営コンサルタントでハーヴァード・ビジネス・スクールの教授もつとめ、企業戦略の先駆者としての業績で知られる。彼の「5つの競争要因」モデルは世界中で教えられている。ポーターの関心は国際経済学と地域クラスターにも向けられ、国家の競争優位ポジショニングについても影響力のある理論を展開した。

ポーターは工学で学位を取得したのち、ハーヴァード・ビジネス・スクールでMBAと博士号を取得した。初期の研究はミクロレベルの競争戦略分野のもので、その概要は著書『競争の戦略』(1980年)に書かれている。

ポーターの思想のなかでもっとも影響力があるのはおそらく、企業の競争環境にかんする「5つの要因」モデルだろう。第1の要因は、競争の規模と激しさである。競争の激しさは業界の既存企業の数と規模の分布に左右される。同じ規模の企業が多数存在する場合は、1社または少数の企業が支配する場合よりも競争が激しいと考えられる。第2の要因は、新規参入の脅威である。既存企業は、競争から守られた業界内の企業の行動とは異なる新規参入企業の行動に脅かされる。第3の要因は、代替製品および代替サービスの脅威である。代替製品や代替サービスが入手可能であれば、当然ながら競争は激化する。既存企業は競合製品に対する自社製品の差別化に力を入れたり、ブランディングや広告によって対抗しようとするだろう。第4の要因は、買い手の交渉力である。買い手の交渉力は、買い手の数と規模の分布、そして製品への依存度に左右される。第5の要因は、供給企業の交渉力である。重要な材料を供給する企業の規模が大きく数が少なければ、彼らは価格を上げたり品質を落としたり、供給を止めるというおどしさえかけることによって市場支配力を行使できる。

ポーターはバリューチェーンの概念も導入した。これは企業を戦略上主要な活動と支援的な活動に分解する考え方である。この分析によって、活動間の連携をどのように改善すれば企業の個々の製品の利幅を増やせるかを検討する。

近年、ポーターはアメリカのスラム街の問題を研究しており、富の分配よりも創出に力をそそぐべきだと説いている。

生年
1947年、ミシガン州アナーバー、アメリカ

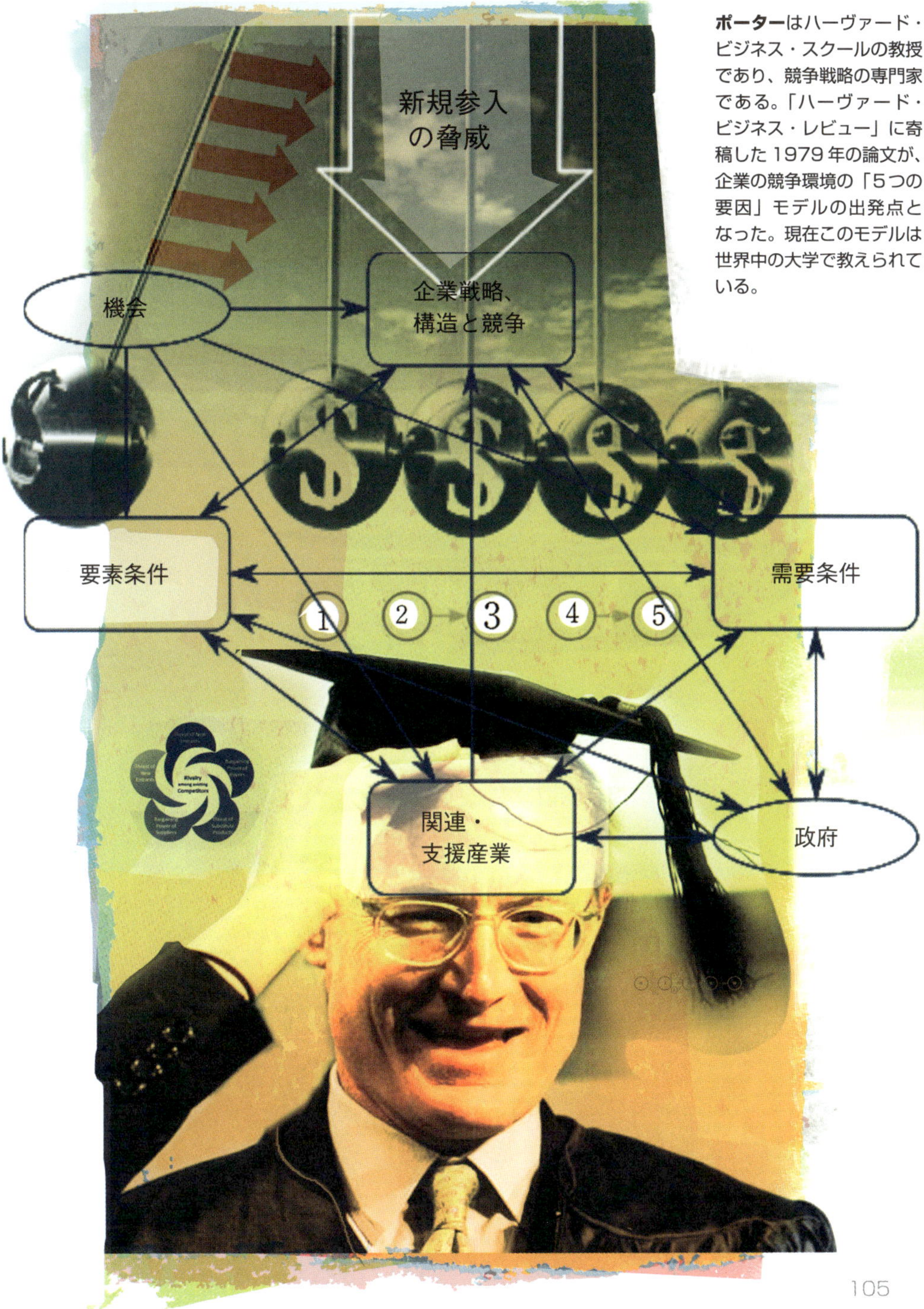

ポーターはハーヴァード・ビジネス・スクールの教授であり、競争戦略の専門家である。「ハーヴァード・ビジネス・レビュー」に寄稿した1979年の論文が、企業の競争環境の「5つの要因」モデルの出発点となった。現在このモデルは世界中の大学で教えられている。

ゲイリー・ハメル

経営戦略の先駆者

Gary Hamel

ゲイリー・ハメルは世界的に有名な経営コンサルタントで経営科学の教授である。ゼネラル・エレクトリック、シェル、プロクター・アンド・ギャンブル、マイクロソフトなど数多くの一流企業と仕事をしてきた。「コア・コンピタンス」の概念をはじめ、重要な戦略思想も多数生み出している。みずから創設した経営コンサルティング会社、ストラテゴスのCEOであるとともに、ロンドン・ビジネス・スクール客員教授もつとめる。

ミシガン大学で最初の学位を、スコットランドのセント・アンドルーズ大学でMBAを取得後、ハメルは1983年に比較的歴史の浅いロンドン・ビジネス・スクールで教職についた。1990年にはミシガン大学で博士号を取得した。学問と経営コンサルティングの世界に身を置いた25年あまりのあいだに彼が打ち出した、斬新かつ挑戦的な企業経営戦略理論はじつになみはずれたものであり、広く影響力をおよぼした。

ハメルのもっとも有名な功績である「コア・コンピタンス」の概念は、コインバトール・プラハラードと共同で発展させた。ふたりはこのようなコンピタンス（能力）が企業業績の鍵であると主張した。コア・コンピタンスは企業の専門知識と、競合他社に対する優位性を確立し維持するための専門知識の活用法から生み出される。競合他社に先んじるための鍵は、こうしたコア・コンピタンスを模倣されないよう保護する力にある。技術変化のスピードが速い業界においては、既存企業は迅速に適応し、みずから変化を起こすことができなければならない。十分な野心（「戦略的意図」）と十分な柔軟性ないし適応力（「戦略的ストレッチ」）を有する企業のみに成功の可能性がある。

近年、ハメルは「継続的な経営革新」の重要性に注目している。経営革新はときとして資源配分、新市場の開拓、従業員の動機づけなどの新しい経営戦略の採用を通じて、競争優位性を生み出すことができると彼は説く。このような変化には、企業の長期にわたる業界支配を確実にする可能性がある。

ハメルは、国際競争の拡大、消費者の力の増大、急速な技術的進歩といった21世紀の新たな課題を前に、企業は斬新な戦略をもたらす経営革新に時間と資源をもっと使うべきだと述べている。

生年
1954年、ミシガン州セントジョーゼフ、アメリカ

ハメルは経営コンサルタント、著述家として知られている。彼が打ち出した概念のなかでもとくに重要なのが、企業の「コア・コンピタンス」の特定である。コア・コンピタンスは競合他社との差別化を可能にする、企業の経営と成功に欠くことのできない要素である。

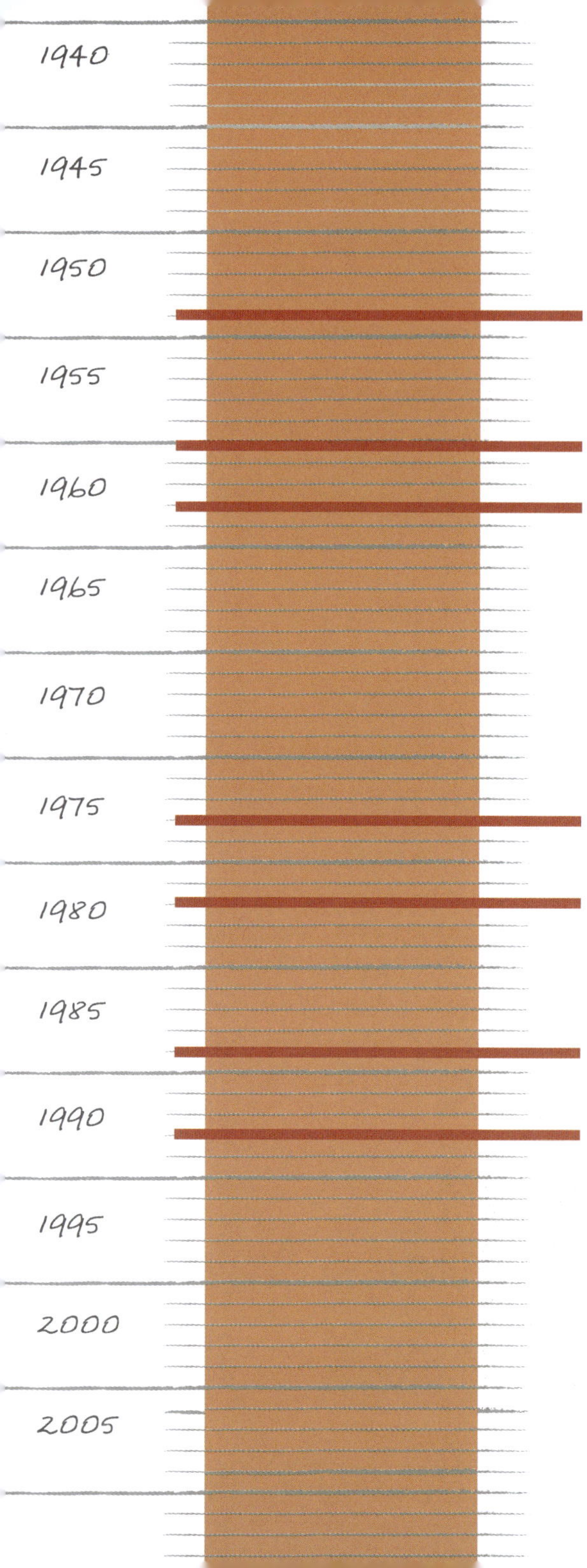

ピーター・ドラッカー『現代の経営』（1954年）

石川馨、東京大学の工学部教授に就任（1960年）

ジェームズ・G・マーチ『企業の行動理論』（1963年）

チャールズ・ハンディ『ディオニソス型経営——これからの組織タイプとリーダー像』（1978年）

トム・ピーターズ『エクセレント・カンパニー——超優良企業の条件』（1982年）

スマントラ・ゴシャール『地球市場時代の企業戦略——トランスナショナル・マネジメントの構築』（1989年）

マイケル・ハマー『リエンジニアリング革命——企業を根本から変える業務革新』（1993年）

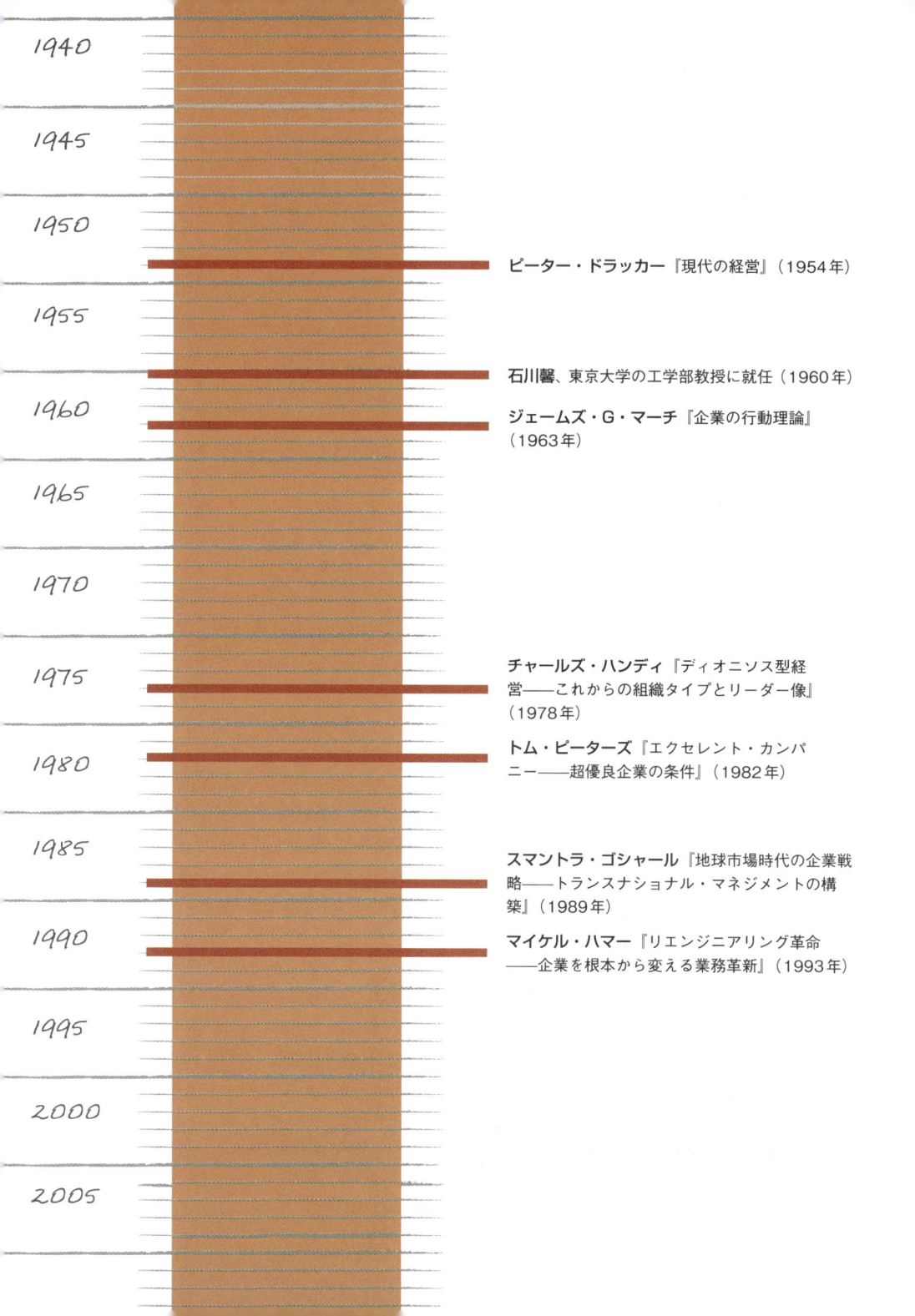

第5章
理論家たち

厳密には1950年代からのピーター・ドラッカーの著作にはじまるビジネス理論は、ビジネスの構造を緻密に分析する。理論家は、とくに企業文化、経営スタイル、従業員の行動に注目しながら、すぐれた企業を繁栄させる行動や活動を観察する。ビジネス理論は、組織的な文脈における人間行動を理解する重要性を重視しつつ、事業経営という仕事への革新的なアプローチ法を生み出してきた。

多国籍企業

多国籍企業とは、たんに海外でビジネスを行っている企業に対して、複数の国で生産やサービスを所有したり管理したりしている企業と定義できる。こうした活動はすでに確立された現地組織を買収するか、新しい組織の立ち上げに直接投資することによって可能となる。

多国籍企業にはさまざまな種類がある。その第1は「水平統合した」多国籍企業で、多少のバリエーションはあっても同じ製品を複数の国で生産する。例として日産とフォードがあげられる。「垂直統合した」多国籍企業は、複数の国で複数の生産段階にかかわっている。そのよい例が石油会社である。多国籍「コングロマリット」は、複数の国で複数の製品を生産している企業のことである。そのひとつが、食品会社のディアジオである。

問題は、企業を多国籍化に惹きつけるのはなにかである。答えはふたつあり、コスト削減の可能性と成長の可能性というおおまかな項目に分けて論じられよう。コストを削減しようとする企業は通常、垂直統合に魅力を感じ、売上拡大を望む企業は水平統合かコングロマリット化に傾く。

多国籍企業のコスト削減力はさまざまな要因で決まる。第1に、企業が原材料や労働力など、より安価な資源を現地に求めようとする場合がある。資源によっては企業が本拠を置く市場では入手できなかったり、外国から動かしにくかったりするものがある。いずれにしても、企業がその資源を十分に活用するためにはその国に移転する必要がある。また、企業が組立ラインなどの労働集約的な生産方法に頼っている場合は、安価な労働力に惹かれる場合もある。有名な例はナイキで、同社は40カ国に工場をもっているが、その大半は東南アジアにあり、安価な労働賃金の恩恵を受けている。外国に移転する第2の理由は、労働力の生産性である。労働の対価は高

「成長はたんなる偶然ではない。力を合わせた結果である」

ジェームズ・キャッシュ・ペニー［総合スーパー、J.C. ペニー創業者］

めでも、生産高がそれに比例して増えれば、単価は安くなる。

第3の理由は、整備された鉄道や道路、便利な港湾ハブなどインフラストラクチャーの利点を活用するためである。第4として、政府の誘致策（高額の助成金や免税期間など）が海外投資の誘因となる場合がある。海外企業が欧州連合のような関税同盟の内部に移転することによって関税障壁を避けたいと考え、直接海外投資を行う場合もある。

多国籍化は、成長を望む企業にとっても魅力がある。国内市場が飽和状態に達すると、海外市場が魅力的に見えるだろう。地理的な多角化によってリスクを分散できるだけでなく、現地のライバルに対する競争優位性となるようなさまざまな利点もあるだろう。たとえばよりすぐれた技術や確立したブランドが使えれば、製造コストを下げられるだけでなくプロモーションコストも節約できる。また多国籍企業はよりすぐれた経営スキルとすでに実績のある組織化手法を活用することもできる。

過去30年間に多国籍企業が成長したのは、通信の発達、消費者の嗜好のグローバル化、複雑なグローバル活動における新しい組織構造の成長など、多数の進歩に助けられた面もある。

ピーター・ドラッカー

現代的経営を紹介

Peter Drucker

生年
1909年、ウィーン、オーストリア

没年
2005年、カリフォルニア州クレアモント、アメリカ

ピーター・ドラッカーは経営問題についての著述家、講演家として知られ、世界中の企業に影響をあたえた。1940年代と1950年代に、経営科学という学問の発展に重要な役割を果たした。

1930年代にドイツからのがれたドラッカーは最終的にニューヨークに居を定め、非常勤講師として教壇に立ったのち、1950年にニューヨーク大学で経営学を教える職につく。著書『産業人の未来』（1943年）をきっかけにゼネラル・モーターズから招かれ、企業調査にあたった。その成果が『会社という概念』（1946年）で、分権化と短期目標の設定が発展への道筋であると提言した。この著書がドラッカーのビジネス界における評価を確立した。

『現代の経営』（1954年）でドラッカーは前例のないレベルまで細密に企業を分析した。10年間教壇に立ちコンサルティング活動を行ってきて、経営を扱った本がないことがわかったので、自分で書こうと思ったのだと述懐している。新しい学問を創造しているという自負が彼にはあった。

この本は、経営者に３つの問いを投げかけている。あなたの事業はなにか。あなたの顧客はだれか。あなたの顧客が価値があると考えているのはなにか。ドラッカーの論理は、企業の第１の目標は顧客のニーズにこたえることであるべきだ、というものだ。利益は主目的ではなく、むしろ生き残りのための重要な条件と考えるべきである。さらに、企業と従業員、企業と社会との関係は、第１の目標を支えなければならない。

同著は「目標管理」（MBO）という経営戦略の青写真を描いたことでも知られる。その根拠は、組織の目的と目標が従業員に「カスケード」され、意思決定をより参加型にするためである。このプロセスには、明確で測定可能な目標を設定することがふくまれる。きわめて重要な点は、その目標が経営層と従業員のあいだで合意されたものであることだ。設定した目標は公式に記録され、対象期間を指定され、モニタリングされ、フィードバックを受けて終了する。

ドラッカーが60年間にわたって発表してきた著作は30カ国語に翻訳され、アメリカ、ヨーロッパ、日本の企業に多大な影響をあたえた。彼の存在の大きさをもっともよく言い表しているのが、ジャック・ウェルチの次の言葉であろう。「彼が前世紀最大の経営思想家であったことは世界中が知っている」

ドラッカーははじめて企業経営を徹底分析した研究書を著し、新たな研究分野を確立した。彼は著作で、企業が第一かつ最重要として心にかけるべきは、顧客のニーズにこたえることだと提言した。

石川馨

品質管理を推進

Kaoru Ishikawa

石川馨がもっとも心を砕いたのは、企業が品質を重視すべきだということだった。1960年代初めに石川は、生産プロセスの改善を提案する労働者集団、「QC（品質管理）サークル」の概念の先駆けとなった。さらに「QC７つ道具」を開発、そのなかでも特性要因図は彼の不朽の遺産である。

1960年代初め、東京大学の工学部教授であった石川は、QCサークルを着想した。これは、従業員が定期的にミーティングを行い、職場のスキルや能力や創造性を活用することにより、意欲と関与のレベルを引き上げようというものである。通常は12人未満で行われるこのミーティングは、トレーニングと教育とアイディア創出をかねていた。ミーティングが品質改善、製品やプロセス革新への提案、生産性の向上につながることも多かった。1960年代から1970年代にかけての日本の産業の成長には、これらQCサークルの貢献も一役かっているとする意見もある。

石川の初期の活動にはほかに、品質を支えるための統計分析の推進もあった。『日本的品質管理――TQCとは何か』（1984年）で石川はQC７つ道具を取りあげている。すなわち、ヒストグラム、チェックシート、パレート図、グラフ、管理図、散布図、特性要因図である。最後の特性要因図（「魚骨図」、「石川ダイアグラム」ともよばれる）がおそらく７つ道具のなかでももっとも有名だろう。これは問題をひき起こした要因を特定するために使うものである。原因を重要度にしたがってグループ化する。その結果を、主要な問題を幹、特定された原因を枝として表した樹状に描く。通常、製造プロセスにおけるおもな原因（枝）は、人、方法、材料、機械である。管理にまつわる問題であれば、おもな枝は、方針、手順、人、設備となる。各枝は重要度にしたがって評価する。枝からは小枝が出ており、これはその枝をひき起こした無数の要因を細かく表したものである。そこで、たとえばある企業が製品の高い製造コストを減らしたいとする（幹）。主要な原因（枝）は製品の製造にかかる人件費の高さであり、その原因は企業が雇わなければならない契約社員の比率が高いこと（小枝）である、ということになる。

生年
1915年、東京都、日本

没年
1989年、東京都、日本

石川は 1960 年代に従業員による QC サークルの概念を発案した。この小集団は、労働者に開発のアイディアの提出をうながすとともに、トレーニングの場ともなった。この生産プロセス改善モデルは、当時の日本の産業が拡大した理由であるともいわれている。

ジェームズ・G・マーチ

行動理論を発展させた

James G. March

生年
1928年、オハイオ州クリーヴランド、アメリカ

ジェームズ・G・マーチは同僚のリチャード・サイアート、ハーバート・サイモンとともに企業の行動理論の発展に貢献した。この理論の眼目は組織の意思決定と、不確定な条件下でいかに選択が行われるのかを理解することであった。

マーチはカーネギー工科大学の教授だったときに思想を発展させた。それらはまず『企業の行動理論』（1963年）として発表される。理論では企業をその組織と意思決定プロセスの観点から定義している。企業の境界線はゆるやかに定義され、組織の活動に影響をおよぼす個人や集団、すなわち経営陣、株主、従業員、顧客、原材料の供給業者、さらに労働組合のような関係者もすべてふくむ。

行動理論は組織内の実際の行動の観察にもとづいており、あらゆる意思決定は不確実な環境において行われると認識している。マーチは、あらゆる意思決定は関係する個人と集団の信念、知覚、願望に影響を受け、その信念の違いが対立の可能性を生むと論じた。このような対立は交渉プロセスを通じて解消される。そしてそこから企業の目標や目的が浮上してくる。企業の目標ないし目的はつねに変化する可能性をはらんでいる。さまざまな関係者の願望や信念は時とともに変わっていくからである。

企業の目標は、たとえば利益の最大化といった単純な公式に要約できるものではない。複雑性、不完全な情報、不確実性の環境において、利益を最大化するために必要な一連の行動を厳密に判断するのは不可能である。それよりも、企業の経営者は過去の経験則にのっとった慣例的な意思決定にしたがい、満足な利益で妥協するだろう。

このアプローチは、時代遅れの経済的な前提から経営者を解放し、1960年代の企業とビジネス教育に大きな影響をあたえた。しかし欠点は、企業の組織構造はそれぞれ異なるため、決定版といえる行動理論がないことである。実際の行動の観察にもとづいた行動理論は、説明を得意とするが予想には弱く、企業が長期にわたってどのように発展成長していくかについての汎用的な一般論の域を出ない。

マーチは企業の目的が、主として企業を構成する個人の移り変わる行動と意思決定に導かれるようすに光をあてた。彼の理論は経営者に時代遅れの前提をすてさせることができたが、有用な予想の手段を提供するにはいたっていない。

チャールズ・ハンディ
組織文化を考察

Charles Handy

生年
1932年、キルデア、
アイルランド

チャールズ・ハンディは思想家、著述家、コンサルタント、学者として、経営理論と組織行動理論に多大な貢献を果たした。ロンドン・ビジネス・スクールの初代教授のひとりであるハンディは、ビジネスにおける根本的な変化と新しい潮流を予言し、分析家であるよりもヴィジョナリーであると見なされている。

ハンディはオックスフォード大学を卒業後、ロイヤル・ダッチ・シェルに入社した。10年後、リベリア転勤の話がもちあがり、退社を決意。ロンドンのシティで１年、MITで１年をすごしたのち、1967年に創設まもないロンドン・ビジネス・スクールの企業経営の教授に就任した。

著作では、現代の経営の役割に正しい解釈はないとの考えから、教条主義を排した書き方で経営についての見解を示した。処女作で一部からは代表作ともいわれる著書『ディオニソス型経営――これからの組織タイプとリーダー像（原題：Gods of Management)』（1978年）では、企業にみられるさまざまな組織文化を解説、分析しており、タイプ別に古代ギリシアの神にたとえた。

第１は「棍棒」文化で、神々のなかで最高権力をもつゼウスになぞらえられた。ゼウス型の組織では、権威と権力は単一の根源から外に向かって発せられる。

第２は「役割」文化で、秩序と理性を表すアポロに象徴される。この文化は秩序だった官僚主義を生み出すとハンディは見ており、職位は明確に定められ厳密に守られている。このような組織は意思決定が予測どおりに行われ、首尾一貫している。

第３は「仕事」文化で、知恵の女神アテナで表される。この組織では、小規模なチームが協力して問題解決にあたり、成果を達成するため個人や集団により大きな自律性があたえられている。

第４の分類が「個の存在」文化で、文明の推進者ディオニソスに象徴される。ハンディの分析では、この組織は特定の個人のまわりに形成され、個人の目標達成を存在理由とする。その結果、組織がみずからの役割に異論を唱えたり変えたりすることはむずかしい。

ハンディによれば、いずれかの文化がほかよりもすぐれているわけではなく、いずれも成果を生むことができる。重要なのは企業が新しい戦略を採用したり新たな方向性に直面したりしたとき、自社がどの文化に属しているのかを知ることなのである。

学者としてはめずらしく、**ハンディ**は包括的な経営理論は存在しないと考えていた。それよりも、戦略を実行する際に自社の「文化」を認識するスキルこそが重要だと論じた。

トム・ピーターズ

経営理論を再構築

Tom Peters

生年
1942年、メリーランド州ボルティモア、アメリカ

トム・ピーターズは国防総省とホワイトハウスでの勤務から経営のキャリアをスタートし、1974年にコンサルティング会社のマッキンゼーに入社した。1981年に退職してコンサルタントとして独立、ロバート・ウォーターマンとの共著『エクセレント・カンパニー——超優良企業の条件』（1982年）を完成させる。この本は大ヒットし、ピーターズを現代経営学の第一人者の地位に押し上げた。

ピーターズと共著者のウォーターマンは成功している43のアメリカ企業を分析し、成功の要因となった共通の特徴があるかどうか、それらがほかの企業にもとりいれられるかどうかを検証した。ベストセラーとなった『エクセレント・カンパニー』に示された総合的な結論は、アメリカの経営者は新しいアイディアと技術への投資ができておらず、意思決定の共有や委譲が行われず、ビジネススクールは学生に対して的確なスキルの開発ができていない、というものだった。

この本では優良企業を特徴づける８つの要素つまり「基準」を特定している。第１は行動で、経営者は積極的に新しいアイディアを探し、適切な意思決定を行い、「それを進めて」いかなければならない。第２は消費者に学ぶことである。第３は起業家精神とイノベーションの促進である。第４は労働者を生産性向上の源として、また価値ある資産として扱うことである。第５は経営者が日常的な会社の運営に「実践的な」関与を通じてかかわることである。第６は「基軸から離れない」、つまり自社がもっとも得意とすること、コア・コンピタンスを守ることである。第７は組織を小さく単純に保つことである。第８の「厳しさとゆるやかさ」の基準とは経営者が労働者にあたえる自由度をさす。ピーターズは経営管理者が細かい業務に「手をとられる」のを避けるために、職場での権限委譲が大切だと考えた。この本はアメリカとヨーロッパの経営学とマネジメント教育に多大な影響をあたえた。出版後も、ピーターズは新しい現実に適合させるため自分の見解を少しずつ改善していった。現在では「エクセレント」であるだけではもはや十分ではない。大勢から突出し、適応し、革新し、新しいビジネスの指針を掲げて変化しなければならないと考えている。

ピーターズは著書『エクセレント・カンパニー』により、一流の経営理論家としての地位を確立した。この本では今日も使われている事業組織のモデルを提示した。ピーターズは、1980年代にアメリカとヨーロッパの変化する市場で企業が事業を行っていくための戦略作りに力をそそいだ。

スマントラ・ゴシャール

Sumantra Ghoshal

グローバルな関係を研究

生年
1942年、メリーランド州ボルティモア、アメリカ

没年
2004年、ハムステッド、ロンドン、イギリス

スマントラ・ゴシャールは歴史上の多国籍企業の前例を追跡し、「トランスナショナル企業」の概念を発展させた。晩年の仕事では、より広い社会的要因を無視することの多かった標準的な経営理論を批判した。

ゴシャールはMITとハーヴァード大学で博士号を取得したのち、1985年にINSEADの教授に、1994年にロンドン・ビジネス・スクールの教授に就任した。経営学へのおもな貢献は、グローバル規模のビジネス組織にかんするもので、『地球市場時代の企業戦略――トランスナショナル・マネジメントの構築』（1989年）でその思想を示している。

ゴシャールは多国籍企業の歴史的発展には３段階あるとした。第１段階の「ヨーロッパの権限分散型連合体」は第１次世界大戦以前で、ユニリーバ、シェル、ICIなどの企業がその典型である。こうした企業の海外子会社には大きな自律性があたえられ、基本的に現地市場に対応していた。戦後の第２段階は「アメリカの調整型連合体」で、これにはフォード、コカ・コーラ、IBM、プロクター・アンド・ギャンブルのような企業が相当する。海外子会社は生産とマーケティングにかんしてある程度の自律性をもつが、新製品や新技術の推進に際しては親会社が相当の影響力を発揮する。ゴシャールによれば第３段階の「日本の中央集権型ハブ」は1970年代から1980年代にかけて登場し、ホンダや松下のような企業に代表される。最後に現れたこのグループは、基本的に生産と技術を日本国内の拠点に集約し、海外子会社を販売店として使う。

ゴシャールはこれら３段階の違いは、産業の性質と潜在的な競争によるところが大きいと述べた。国内市場が販売において重視される場合は、分権化が標準になりやすい。技術の変化を特徴とする産業では、アメリカ型モデルが採用された。そして規模の経済性の利点が求められるビジネスにおいては、第３の組織形態が優勢となるだろう。

1990年代に「トランスナショナル」企業が発展すると、実質的に資源とスキルとケイパビリティのネットワークを統合した組織構造になった。組織の中心は存在せず、個々の事業単位がほかの事業単位でも活用できるアイディアや戦略を提供する。中央の役割は明確な目標を創造し、必要とされる経営文化を醸成することによって事業単位の統合を管理するにとどまった。

ゴシャールは国際ビジネス組織の研究を通じて、ビジネスマネジメントの世界に影響をあたえた。彼は複数の地域にまたがる統合されたネットワークを運営することのできる「トランスナショナル」企業という概念を確立した。

マイケル・ハマー

Michael Hammer

事業運営モデルを普及させた

生年
1948年、メリーランド州アナポリス、アメリカ

没年
2008年、マサチューセッツ州ボストン、アメリカ

エンジニア出身のマイケル・ハマーが、企業がいかに事業運営を変革できるかに関心をそそいだのは意外ではないだろう。ハマーの代表的な功績はビジネスプロセス・リエンジニアリング（BPR）の分野におけるもので、世界中の経営者に影響をあたえ、企業戦略を一変させた。

BPRはマイケル・ハマーとジェームズ・チャンピーの共著『リエンジニアリング革命――企業を根本から変える業務革新』（1993年）で展開され、もともとは事業運営、すなわち企業の「業務フロー」の分析を意味していた。本来、BPRは仕事をいかに定義したり組み立てたりするか、それをだれがやるべきか、どのような順序で実行するか、仕事の同時進行、これらの仕事を支援するためにどのように情報フローを利用するか、を研究するものである。

多くの場合、BPRは、企業が自社の業務フローを時代遅れの技術、資源、企業目標の概念を前提として設計している、と提言するものであった。リエンジニアリングによって経営管理者は企業のほぼすべての業務の抜本的な再設計を考えざるをえなくなる。この社内組織改革によってコストが下がり、生産高が向上する。

ハマーとチャンピーは、事業を再活性化する際に考慮すべき多数の原則を提言した。もっとも重要なのは、企業がさまざまな領域において、仕事よりも成果を中心に組織再編すべきだというものである。材料の加工から完成品の最終的な流通まで、プロセス全体に注目すべきである。そうすれば、ビジネスは多種多様なプロセスに「設計」できる。ある機能チームから次のチームに仕事を受け渡すのではなく、あるチームが最初から最後までプロセスを追跡できるように仕事は再設計できるのである。

ほかにも、すべてのプロセスを徹底監査して、変化を必要とするものから優先順位づけをするという原則がある。また、ハマーは業務フローをそれまでの常識であった最終段階ではなく、初めの段階で統合することを提案した。

1990年代後半になると、BPRに対する批判も現れた。このアプローチは基本的に、企業の問題が業務フローやプロセスの構造の弱さから発生していることを前提としている、というのがその主張である。そのためこの戦略では「一からやりなおす」ことを提案し、組織のよい面を無視し、現状維持を否定している。さらに、BPRはたんに人件費を削減するために人員削減するシニカルな戦略だと見る向きもある。

ハマーは企業の業務フローに対する見方を根本的に変えた事業運営の管理モデルを構築した。それはおもに中央集権型のITシステムの導入を通じてコストを削減し、生産性を高めるものであった。

用語解説

オペレーションズ・リサーチ：組織内の意思決定を分析するために数学的テクニックや統計的テクニックなど、高度な分析手法を利用する学問。

会社株式：株式とは、株の所有権とひきかえに会社が調達する資本のことである。

外生変数：外部からシステムに影響をおよぼす要素で、対象となるシステム内部の変化には影響を受けない。

寡占：少数の大規模生産者が支配している市場のこと。生産者同士が協力して価格操作を行うことができる。

活動基準原価計算（ABC）：製品、サービス、または顧客にコストを割りあてる方法。あるモノの真のコストはそれに必要な活動のコストをふくむという原則に準拠している。

合併：２社の経営陣同士のあいだで同意があった場合に、両者が合わさってひとつの事業体になること。

機会費用：特定の資源を別の使い方をしていれば生み出せたはずの価値。

規模の経済性：事業規模を拡大することによって生じるコスト面の優位性。

競争：売上、市場シェア、利益の確保をめぐってライバル企業同士で行われる争いをさす。

景気循環：くりかえし発生する経済の拡大と縮小のサイクル。

公開企業：新規株式公開（IPO）を通じて株式や証券を発行し、証券取引所で取引される会社のこと。

行動理論：意思決定はつねに不確実な環境において行われるという認識のもと、組織内の実際の行動を観察することにより意思決定を理解しようとする理論。

サプライチェーン：商品が生産され消費者に流通されるまでのプロセスの連鎖。

差別化された製品：同じカテゴリー内のほかの製品に比べて独自性を有する製品。差別化された製品のある市場はひとつかふたつの主要ブランドに支配される傾向がある。

資本：資金、資本調達、投資金。産業資本または資本財は、機械や道具などの生産手段によって生み出される。

ジャスト・イン・タイム（JIT）方式：必要なときだけ、安定した予測可能なスピードで、モノを次工程に送るシステム。

新規株式公開（IPO）：企業の株がはじめて証券取引所で一般に売り出されること。これにより非公開企業が公開企業となる。

垂直統合：企業が供給業者から顧客までの縦のラインの一部を所有すること。

水平統合：企業が同じ生産段階の競合企業と合併すること。

生産ライン：原材料が一連の作業工程をへて生産物に変換される手法のこと。一つひとつの作業をへるごとにその物品は改良されて価値をくわえられ、最終的に市場に出せる段階に到達する。

組織文化：特定の状況における適切な行動を定めることにより組織内の行動の指針となる、共有された規範、価値観、前提。

多国籍企業：２カ国以上で生産またはサービスを所有し、コントロールしている企業。

直接販売：営業員が倉庫から商品を直接買いとり、顧客に直接販売する営業手法。店舗のコストと維持費を節約した分を、高度な訓練を受けたスキルと意欲の高い営業部隊の育成にまわせる。

独占：特定のモノやサービスの供給を１社が全般的にコントロールするような状態をいい、社会的に最適な価格よりも高い価格での販売が可能になる。

特許会社：特定の地域や資源の利用権を認める政府の特許状またはライセンスのもとに設立された企業。

品質管理：生産のあらゆる側面でのたゆまぬ精査を通じて、在庫の品質を保証するプロセス。

ブランディング：製品やサービスを、その知覚価値を高めるような一連の価値観と関連づけること。

法人企業：「法人化」によって、特定の個人とは区別される法人格をもった企業が創設される。それにより、所有者の責任は法人の枠にのみ限定される。

利益：収入の合計からコストの合計を引いたもの。

リスク：出来事や結果の不確実性のこと。リスクをとることは大きな得にも大きな損にもつながる。

索引

＊項目になっている人名の項目ページはここにふくめていない。